KB183564

안녕, 하고
시를 만났다

안녕, 하고
시를 만났다

최인영

국어 시간에
시 쓰기

양철북

나들미, 처몰미, 깐깐미

30년 가까이 고등학생만 가르치다가 2023년에 여자중학교로 터전을 옮겼다. 모든 게 낯설었다. 한자리에 깊게 뿌리 내린 나무를 다른 데 옮겨 심으면 심하게 몸살을 앓는다는데, 나도 시름시름 걱정만 쌓였다. 아이들과의 첫 만남을 어떻게 준비할까? 고민하다가 나를 소개하는 낱말 세 개를 종이에 적어서 수업에 들어갔다.

나들미 처몰미 깐깐미

이게 무슨 뜻일까요? 어렵죠? 줄임말이에요.
1. '나'이 '들'어서 '미'안해요! 내가 나이가 좀 많아요. 94년에 교직을 시작해서 올해로 30년째입니다. 아마 여러분 부모님보다 나이가 많을 겁니다. 여러분들이 좋아하는 연예인이나 노래도 거의 모릅니다. 미리 미

안합니다.

2. '처'음이라 '몰'라서 '미'안해요! 30년 동안 고등학생만 가르쳤어요. 중학교는 올해가 처음입니다. 여러분은 우리 학교에 작년에 입학했죠. 나는 오늘이 첫날입니다. 내가 여러분보다 모르는 게 더 많을 겁니다. 미리 미안합니다.

3. '깐깐'해서 '미'안합니다. 고등학교에서 언니 오빠들 가르치다 보니 좀 깐깐한 편입니다. 내가 좀 엄하게 하더라도 여러분이 미워서 그런 게 아닙니다. 그러려니 이해해 주세요. 미리 미안합니다.

어떤 아이는 재미있다는 표정으로, 어떤 아이는 신기해하는 눈빛으로, 어떤 아이는 걱정스러운 얼굴로 나를 쳐다봤다. 이렇게 덧붙였다.

'미'는 '미안함'이라는 뜻도 있지만 '아름다움[美]'을 의미하기도 합니다. 세상에 나쁘기만 한 건 없어요. 나이도 그래요. 그만큼 경험이 많겠죠. 여러분을 처음 만나니 여러분에 대한 편견이 없어요. 깐깐하면 질서가 잡혀서 오히려 좋을 수도 있죠.

나는 나이 많고, 처음이고, 깐깐해요. 그건 변하지 않아요. 그런데 그게 '미안함'이 될 수도 있고 '아름다움'이 될 수도 있어요. 여러분이 나를 어떻게 보느냐에 달렸다고 생각해요. 여러분이 내 장점을 본다면 나는 아름다운 교사가 되겠지만, 내 단점을 본다면 미안한 교사가 될 겁니다.

나도 여러분의 아름다움을 발견하고 여러분도 내 아름다움을 찾아서, 서로가 더 아름다운 한 해를 만들어 보면 좋겠습니다.

국어를 국어답게

중학교에서는 입시 부담을 떠나서 국어를 국어답게 가르칠 수 있겠단 생각이 들었다. 나는 2학년 수업을 맡았는데, 가르칠 단원을 나누다 보니 문학 작품을 많이 맡게 되었다. 그래! 문학을 문학답게 가르쳐 보자! 가장 무게를 둔 건 '감상'과 '창작'이 균형을 이뤄야 한다는 점이었다.

1학기에는 시를 공부했는데, 교과서에 있는 시를 빼고도 32편을 더 읽었다. 내친김에 한 학기 한 권 읽기는 시집으로만 골랐다. 같은 교실에서는 시집이 겹치지 않도록 해서 아이들이 되도록 시를 많이 만날 수 있도록 했다.

더 나아가 각자 시를 쓰고, 정성스레 그림을 덧붙여 시화 작품으로 만들었다. 연말에는 2학년 학생 100명의 시를 하

나도 빠짐없이 모두 모아서 시집《고양이 꼬리 끝만 봐도》
를 엮었다.

아이들이 쓴 시가 가볍지 않다는 걸 보여 주고 싶어서 학
교에 남은 예산을 죄다 끌어와서 되도록 예쁘게 만들었다.
2학년을 마치는 종업식 날 시집을 나눠 줬다.

시가 준 위로

각오하지 않았던 건 아니지만 시집을 만드는 일은 순탄치
않았다. 연말 가장 바쁜 시기와 시집 출간이 겹치면서 며칠
동안 밤샘 작업도 해야 했다. 그러고도 생각지 못했던 문제
가 터져서 며칠 동안 마음고생이 이만저만이 아니었다. 그
런 혼란이 성탄절부터 연말을 거쳐 새해까지 이어졌다. 상
처는 깊었다.

구분	갈래	감상	창작
1학기	수필	'오해'를 다룬 다양한 작품 읽기	'내 인생의 오해'를 주제로 수필 쓰기
	시	다양한 작품 읽기 (한 학기 한 권 읽기)	시화 만들기 시집으로 엮기
2학기	희곡	희곡 감상	희곡 창작(개인) 연극 공연(모둠)
	소설	다양한 작품 읽기	모둠으로 소설 쓰기 소설을 책으로 엮기

누가 시키지도 않았는데, 누가 알아주지도 않는데, 나
는 왜 이걸 한다고 이러고 있단 말인가?

그때 문득 시 한 편이 눈에 들어왔다. 2반의 도연이가 쓴 시
였다. 언제나 씩씩하고 활기찬 아이라서 곁에 있는 사람들
마저 도연이를 보면 힘이 솟았다. 한마디로 '응원단장' 같은
아이였다.

주름 갑옷 임도연

폭폭 찌는 여름 아침
지금부터 전쟁 시작
우리들의 오래된 갑옷은
오늘도 우리를 지킨다

새벽부터 밥 차리고
핑크 대야에 물 받아서
식물에게 뿌리고
아고 아고 허리 아프다
갑옷에 주름이 하나 늘었다

아침이라 입맛 없는데
조금만 더 먹어라, 제발
갑옷에 주름이 하나 늘었다

오빠에게도 달려가서는
필요한 게 없는지
걱정하며 챙겨주신다
갑옷에 주름이 하나 늘었다

주름이 늘면 강해지는
주름 갑옷처럼
전쟁마다 단단해진
그 품에서
우린 언제나 보호된다

본문에서 설명하겠지만, 우리가 쓴 시의 주제는 '내 인생의
오해'였다. 표현에서는 반어 또는 역설을 활용하도록 했다.
도연이는 두 가지 조건을 아주 충실하게 지켜서 시를 썼다.

사람들은 주름살을 늘어 가는 증거라고 생각한다. 그건
약해진다는 뜻이다. 그런데 도연이는 그게 '오해'라고 말한
다. 엄마(놀랍게도, 이 시에는 엄마라는 단어가 없다!)는 우

리를 돌보느라 오늘도 주름이 늘었다. 지칠 만도 한데, 어떻게 엄마는 여전히 강한 힘으로 우리를 돌봐 주는 것일까? 그러면서 주름 갑옷을 떠올렸다. 주름이 촘촘하게 많을수록 더 튼튼해지는….

주름살을 쇠약이 아니라 강인함으로 연결한 발상이 놀랍다. 이러한 역설적 발상이 이 시를 더욱 돋보이도록 만들었다. 그리고 시집을 만드는 과정에서 상처 입고 힘들어하던 나를 멍하게 만들었다.

그래! 어쩌면 지금의 이 상처로 인해서 나에게 또 하나의 주름이 생기겠구나! 이 상처가 나를 더 강하게 만들겠구나!

그전에 느끼지 못했던 감동이 새록새록 밀려왔다. 그러고 아이들 시를 하나하나 찬찬히 다시 읽었다. 어느 하나 좋지 않은 시가 없었다. 그래서 결심했다. 이 시를 우리만 읽을 게 아니라 더 많은 독자와 만날 수 있도록 하자! 오늘의 이 결심이 내게는 또 다른 상처로 돌아올지도 모른다. 그래도 이전보다는 덜 두렵다. 그때는 다시 도연이 시를 펼쳐 보리라.

시인의 마음

교사의 상처를 어루만진 도연이의 역설적 발상은 어디서 나왔을까? 그건 도연이가 엄마를 찬찬히 '관찰'했기 때문이다. 그 바탕에는 엄마를 향한 깊은 애정이 있다.

올해 내가 만난 중학교 2학년 학생들은 2009년에 태어났다. 같은 해에 나온 제임스 카메론 감독의 영화 〈아바타〉에는 외계 행성이 등장한다. 지구별의 'I love you'를 그 행성에서는 'I see you'로 표현한다. 도연이가 엄마를 자세하게 보려는 마음! 그게 바로 '사랑(Love)'이다.

이창동 감독의 영화 〈시〉에도 비슷한 대사가 나온다. 영화에서 김용택 시인은 시 창작 교실에 모인 사람들에게 사과를 들어 보이며 이렇게 말한다.

여러분들은 지금까지 이 사과를 몇 번이나 봤어요? 천 번? 만 번? 백만 번? 틀렸어요. 여러분들은 지금까지 이 사과를 한 번도 본 적이 없어요. …진짜로 본 게 아니에요. 사과라는 것을 정말 알고 싶어서, 관심을 가지고 이해하고 싶어서, 대화하고 싶어서 보는 것이 진짜로 보는 거예요. 오래오래 바라보는 거죠. 사과의 그림자도 관찰하고, 이리저리 만져도 보고, 뒤집어도 보고, 한입 베어 물어도 보고, 사과에 스민 햇볕도 상상해 보고, 그렇게 보는 것이 진짜로 보는 기예요. 무엇이든 진짜로 보게 되면 뭔가 자연스럽게 느껴지는 것이 있어요. 샘에 물이 고이듯이.

도연이는 시인의 마음으로 엄마를 오래오래 바라봤을 테다. 엄마의 그림자도 관찰하고, 이리저리 만져도 보고, 엄마에게 스민 햇볕도 상상해 보고…. 그렇게 진짜로 엄마를 보면서 뭔가 자연스럽게 느껴지는 게 있었고, 그걸 썼더니 시가 되었다.

조선 후기 문인 유한준은 "알면 보이고, 보이면 사랑하게 되나니, 그때 보이는 것은 이미 예전과 같지 않으니라"라고 했다. 나태주 시인도 '풀꽃'이라는 시에서 "오래 보아야 사랑스럽다"라고 썼다. 그게 한결같은 시인의 마음이다.

학생, 시를 쓰다

이 책은 2023학년도 서울사대부설여중 2학년 학생 100명이 국어 시간에 했던 시 쓰기 수업을 정리한 보고서다. 시를 쓰는 차례에 따라 일곱 마당으로 나누고 마당마다 아이들 시를 일곱 편씩 넣어 설명을 덧붙였다. 머리말에 한 편더 있으니 아이들 시는 모두 50편이다. 안타깝게도 실리지못한 시들이 많다. 그 시가 뭔가 모자라서가 아니라 시 쓰기단계에 따라 정리하다 보니 그렇게 된 것임을 밝힌다.

여기에 시를 실은 50명 가운데 한 명은 도움반(특수학급)학생이다. 그런데 시만 봐서는 누군지 전혀 짐작할 수가 없다. 특별한 재능이 있어야만 시를 쓸 수 있다는 생각은 오해다. 두렵다고 피하지만 않는다면 누구나 시인이 될 수 있다.

고마움

한 해 동안 시 쓰고, 수필 쓰고, 희곡 써서 연극하고, 소설 써서 책으로 엮느라 고생했을 우리 아이들에게 참으로 고맙다. 우리 멋쟁이들은 나들미, 처몰미, 깐깐미… 나의 '미안함'을 '아름다움[美]'으로 승화시켜 주었다. 나는 오래도록서툴고 거친 교사였다. 그 시간이 쌓이고 쌓여 오늘 이 책이되었다. 이 책이 나오기까지 30년이 걸린 셈이다. 서툴고거칠었던 나로 인해 상처받았을 모든 이들에게 미안한 마음을 전하며 이 책을 바친다.

최인영

차례

어떤 주제로 시를 쓰지?

주제 정하기

내 인생의 오해

교사가 많이 가르치면 아이들이 많이 배울까? 그건 '오해'다. 그래서 나는 해마다 주제 하나만 잡아서 수업을 엮는다. 사실은 하나만 제대로 가르치기에도 벅차다.

2023년 2월, 올해는 어떤 주제로 수업하면 좋을까 고민하며 교과서를 주욱 훑어보았는데 인지심리학자 김경일 교수가 쓴 '내가 보는 세상은 진짜일까'라는 글이 눈에 확 들어왔다. 우리가 일상에서 흔히 경험하는 '착시' 현상을 다룬 글이었다. 무척 흥미로웠다. 교과서 마지막에 있던 이 글을 맨 앞으로 가져와서 단원을 재구성했다.

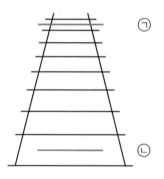

위의 그림에서 ㉠이 ㉡보다 더 길어 보이는 현상이 착시다. 착시는 어디서 일어나는가? 눈이 아니라 뇌다. 우리 눈은 ㉠과 ㉡의 길이가 같다고 정확하게 본다. 그때 뇌에서 '원근감'이라는 배경지식이 작용하여 다음과 같이 생각한다.

이 그림에서는 ⊙과 ⓒ의 길이가 같게 보여. 멀리 있는 물체는 가까이 있는 물체보다 더 작게 보이는 법인데, 그런데도 둘이 같게 보이는 건 사실은 ⊙이 더 길기 때문이야.

이처럼 뇌에서 작용한 배경지식이 눈을 속여서 사물을 있는 그대로 보지 못하는 현상, 그게 바로 착시다. 배경지식이 없다면 착시도 일어나지 않는다. 원근법에 대한 배경지식이 없는 어린아이들이라면 ⊙과 ⓒ의 길이를 같게 인식할 것이다.

인류는 오랜 세월 동안 가장 효율적인 방향으로 진화해 왔다. 그런데도 이런 착시 현상이 사라지지 않는 이유가 무엇일까? 배경지식을 바탕으로 재빠르게 판단하는 유전자만이 살아남았기 때문이다. 초원에서 수풀 사이에 뭔가 어른거리면 무조건 뛰어서 도망가야 한다. 그게 사자인지 아닌지 정확하게 확인하고 도망가는 유전자는 모두 잡아먹혀서 사라졌다. 나중에 흔들리는 바람이었다고, 착시로 인한 착각이었다고 밝혀지더라도 그건 덜 중요한 문제다. 위험을 빨리 알아차리는 유전자만이 살아남았다.

그런데 현대사회로 올수록 착시는 새로운 문제를 일으킨다. 과거에 비해 다양한 구성원이 뒤섞여 살아가게 되고, 그만큼 다양한 배경지식이 서로 충돌한다. 이런 상황에서 저마다 자신의 배경지식만 옳다고 우기면 어떻게 될까? 배경지식에서 비롯된 편견과 선입견은 현대사회의 가장 큰 위험 요소 가운데 하나다. 거기서 갈등과 폭력이 싹트기 때문이다.

그렇다면 우리는 착시 현상을 어떻게 대해야 할까? 중요한 건 자신의 '착시 가능성'을 인정하는 태도가 아닐까? 내 생각이 내 배경지식에서 비롯된 착시, 착각, 오해일 수도 있다는 걸 인정하고, 더 나아가 내 배경지식만큼 다른 이의 배경지식도 존중하려는 열린 마음…. 다양성이 커지는 현대사회에서 앞으로는 이런 유전자만 생존하지 않을까?

그런 흐름에서 '착시, 착각, 오해'를 다룬 글을 여러 편 같이 읽었고, '내 인생의 오해'를 찾아서 글을 한 편씩 쓰도록 했다. 그리고 이걸 2023년 한 해 동안의 수업 주제로 삼았다.

나는 오해한 일이 없어요!
글쓰기 과제를 받고 아이들이 가장 많이 했던 푸념이다. 그런 하소연을 들을 때면 이렇게 대꾸했다.

'내 인생에는 오해가 없다'라는 생각, 그게 바로 오해가

아닐까요? 오해는 있냐 없냐 문제가 아니라, 찾느냐
못 찾느냐 그게 문제입니다.

이렇게 다독이면서 같이 오해를 찾아보자고 손을 내밀었
다. 마침 2022년에 방송통신고등학교에서 어르신들과 함
께 시를 쓰고 그걸《백 마디 고마움》이라는 책으로 엮었는
데 그 가운데 몇 편을 소개하며 시 속에서 오해를 찾아보도
록 했다.

발에 잘 맞는 신발 후인김탄(방통고 1학년)

어디라도 가고 싶지만
신발 안 맞으면 못 가요

친구들이 말했어요
"예쁘고 좋은 신발 사야 돼."
그래서 같이 샀지요

너무 예뻤지만 맞지 않았어요
걸어보니 발이 너무 아팠어요

그때 생각했지요

예쁘고 비싸다고 좋은 건 아니야

내 발에 맞아야 해

그래야 오래 걸어도, 힘들어도

끝까지 갈 수 있어요

후인김탄 님은 베트남에서 오셨다. "어디라도 가고 싶지만"
이라는 첫 줄을 읽으니 벌써 가슴이 먹먹했다. 말도 통하지
않고 문화도 다른 낯선 땅에 적응하느라 그동안 얼마나 외
롭고 힘드셨을까? 이 시가 예사롭게 보이지 않았다. 한 줄
한 줄 마음에 새기며 다시 읽었다. 오래 걸어도, 힘들어도,
끝까지 힘차게 걸어가시기를 마음속으로 응원했다.

　아이들은 이 시에서 오해를 쉽게 찾았다. 더 나아가 신발
만이 아니라 사람도 비슷하다고 깨달았다. 어떤 친구가, 어
떤 선생님이, 어떤 배우자가 내게 맞는 신발일지 생각해 보
았다. 직업도 마찬가지겠지. 내 발에 잘 맞아야겠지.

오늘 하루 쉬어 고지환(방통고 1학년)

어머니가 노점상 할 때

여름날 비가 아주 많이 왔다

어린 마음에 어머니가
처량해 보였다

엄마!
오늘 하루 쉬어

야, 이 녀석아!
여름에 하루 쉬면
겨울에 일주일 굶어

고지환 님은 시를 어떻게 쓰는지 모르겠다며 처음에는 글을 보여 주지 않으려고 하셨다. 그러다가 마지못해 "이건 시도 아닌데…" 하며 쑥스러운 얼굴로 종이를 내미셨다. 거기에는 너무나 아름답고 찬란한 시 한 편이 빛나고 있었다.

　이 시를 두고 아이들과 많은 얘기를 나눴다. 그러면서 이게 '성장'에 관한 시라고 결론 내렸다. 어린아이 때는 쉬면 편하다고 오해한다. 하지만 자라면서 알게 된다. 쉰다고 편하지만은 않다는 것을, 힘들어도 쉴 수 없는 팍팍한 삶이 있다는 것을, 누군가의 그런 '고단함' 덕분에 내가 존재한다는 것을. 그걸 깨달으며 아이는 어른으로 성장한다.

엄마 밥 한 번만 박유자(방통고 1학년)

손맛 좋기로 소문난 우리 엄마
집에 가면 늘 이것저것 음식 해놓고
먹으라 하신다
그럴 때마다 실랑이다

"안 먹어."
"한 번만 먹어봐."
"안 먹는다고!"

엄마의 실망스러운 얼굴을 보면서
"그럼 하나만 먹을게" 하면
금세 웃음꽃이 핀다

지금은 먹고 싶어도 못 먹기에
더 그리워지는 엄마 음식

오늘도 나는

이뤄질 수 없는 소원을 빌어본다
'엄마 밥 한 번만 먹어봤으면'

박유자 님은 형제 많은 집의 막내인데 집안 형편이 어려워 어린 나이에 서울에 올라와 직장을 다니느라 가족과는 떨어져 지내셨다고 한다. 명절에 어쩌다 가족이 모였던 장면을 시로 그렸다. 막내다운 투정이나 귀여움이 묻어나면서도 한편으로는 가족과 함께 지내지 못한 외로움도 고스란히 담겨 있다.

　이 시는 어떤 오해를 품고 있을까? 마지막 연을 천천히 다시 읽어 주자 어떤 아이가 나지막하게 대답한다. "엄마 밥이 영원할 것이라고 오해했어요." 중학교 2학년 여학생들은 "이뤄질 수 없는 소원"에서 많이 울컥했다. 아마 저마다의 '엄마 밥'을 떠올리지 않았을까?

　맞아요. 엄마 밥은 영원하지 않아요. 영원한 건 없어요. 여러분 곁에 있는 사람도, 지금의 이 순간도, 사랑이나 우정도 영원하지는 않아요. 그것뿐일까요? 여러분을 괴롭히는 고통, 갈등, 외로움도 영원하지는 않아요. 그 또한 지나가요.

'오해'의 물꼬

방송통신고등학교 어르신들이 펴낸 시집은 신문에도 크게 소개됐다. 늦은 나이에 공부하는 할머니, 할아버지들도 이렇게 멋진 시를 쓰는데 우리가 시를 못 쓰는 건 말이 안 된다고 아이들을 자극했다. 그러자 누군가 한 방 먹였다.

선생님! 그게 바로 오해예요. 할머니 할아버지들은 경험이 많으니 좋은 시를 쓰실 수 있는데, 우리는 그렇지 않다고요.

아이들은 옳다며 손뼉을 쳤다. 그때 밀리면 안 된다.

경험이 많아야 좋은 시를 쓸 수 있다는 생각도 오해예요. 여러분 경험 속에서도 충분히 좋은 시를 찾아낼 수 있어요.

그렇게 '오해' 논쟁이 무르익는 사이 하로가 멋진 작품을 완성했다. 마침 하로네 학급의 수업 진도가 가장 일렀는데, 덕분에 하로 시를 다른 반에도 소개하며 "이렇게 작은 경험에서 삶의 오해를 찾아보세요"라고 물꼬를 틀 수 있었다.

돈나무 박하로

작년 여름 장맛비 쏟아지던 날에
천냥금에게 물을 주다가
어머니가 말하셨다
―근데 이거 천냥금 아니고 돈나무래

몇 년 동안 천냥금인 줄 알고 키웠는데
꽃말이 돈 천냥을 준다고 했었는데
그래서 잘 자라라 정성껏 키웠는데

빛나던 천냥금이
잿빛의 돈나무가 됐다

어머니가 뒤에 말을 이었다
―돈나무 꽃말이 한결같은 관심이래

하로의 시에서는 두 번의 오해가 중첩되며 읽는 사람의 무
릎을 치게 만든다. 처음에는 돈나무를 천냥금이라고 잘못
알고 키웠다는 단순하고 객관적인 오해다. 그런데 오해는
거기서 그치지 않는다. 진실을 알고 나니 "빛나던 천냥금이

잿빛의 돈나무"로 보였는데, 이게 또 절묘한 오해다. 똑같은 나무인데 어떤 때는 빛나 보이고 어떤 때는 잿빛으로 보였다. "한결같은 관심"이라는 돈나무의 꽃말은 원효대사가 마셨던 해골의 물처럼 우리에게 깊은 울림을 준다.

하로는 자기 경험을 줄글로 쓰는 건 그리 어려워하지 않았다. 하지만 시의 맛을 살려서 새로 고치는 일은 그리 간단치 않았다. 그건 하로만이 아니었다. 아이들이 시를 써 본 경험이 많지 않았기 때문이다. 잘 쓰려는 욕심이 하로를 더 힘들게 했던 모양이다.

멋지게 쓰려고 하지 말고, 친구에게 이야기하듯이 자
연스럽게 써 봐.

교사의 조언을 듣고 엄마의 말을 대화 형식으로 무심하게 인용하는 방식으로 먼저 뒷부분을 썼다. 읽어 보니 느낌이 나쁘지 않았다. 그 느낌을 살려서 앞부분도 마저 완성했다.

그러자 엄마의 대화로 시작해 엄마의 대화로 끝나는 완결성 높은 작품이 탄생했다. 이 시에서 하로의 두 가지 오해를 깨는 건 두 번 모두 엄마의 말이다. 그 짧은 대화 사이에 하로가 돈나무를 천냥금인 줄 알고 키워 왔던 몇 년 동안의 시간을 끼워 넣음으로써 완급의 변화가 느껴지는 무척 매력적인 작품이 되었다.

이어서 진이가 두 번째로 작품을 완성했다.

쌀국수 김진

초3 점심시간
급식표에 적혀있던 쌀국수
이상할 것 같네
맛없을 것 같네

쌀국수를 받아 한 입 넘기니
헉!
내 입맛을 미친 듯이 자극하네

중2 중간고사 끝나고
엄마가 고생했다며 묻네
"뭐 먹고 싶어?"
나는 문득 떠올랐네
"쌀국수!"

엄마와 함께 찾아간 유명한

쌀국수 체인점
기대를 품고 한 입 넘겼네
엥!
맛이 왜 이래?

체인점 쌀국수를 먹으며
급식실 쌀국수를 생각하네
내 입맛은 싸구려였네

급식을 소재로 시를 쓴 아이들이 제법 많다. 진이도 그 가운
데 하나다. 초3 급식 시간에 먹었던 맛을 여전히 기억할 정
도로 쌀국수는 "내 입맛을 미친 듯이 자극"했다. 시간이 한
참 흐르고 엄마와 함께 쌀국수를 먹으러 갔다. 유명한 국숫
집의 쌀국수가 더 맛있으리라는 오해와 달리, 내 입맛에는
맞지 않았다.

기대가 너무 커서 실망이 컸는지, 그새 내 입맛이 변해
버린 것인지, 오히려 급식실의 "싸구려" 쌀국수가 그리워진
다. 초등학교 급식실에서는 초등학생들 입맛에 맞춰 쌀국
수의 독특한 향을 중화했을 가능성이 크다. 그러니 전문 쌀
국수가 '내 발에 맞지 않는 신발'이지 않았을까?

진이 시에서도 여러 차례 오해가 변주되는 과정에서 시

의 맛이 더 깊어진다. 진이는 그 뒤로도 꾸준히 쌀국수에 도전(?)했고 지금은 쌀국수가 가장 좋아하는 음식으로 등극했다고 한다. 엄마가 진이 시를 보시더니 이번 생일에도 쌀국수 먹으러 가자고 약속하셨다니, 추억에서 시가 생기고 시에서 새로운 추억이 만들어지는 셈이다.

하로의 돈나무든 진이의 쌀국수든, 주변에서 흔히 있을 수 있는 사소한 오해를 다뤘다는 점에서 두 작품은 친구들에게 좋은 본보기가 되었다. 하로와 진이가 물꼬를 트자 너도나도 멋진 '오해'를 쏟아 냈다.

엄마는 정말 강한가?

아이들 시에는 유독 '엄마'가 많이 나온다. 하로 시에서도 엄마는 깨달음을 주는 멋진 조연으로 등장하고 진이 시에서도 엄마는 진이의 조력자가 된다. 이어지는 세 작품에서는 아예 엄마가 주연이다.

쇠고기뭇국 김유림

너 오늘도 학원 숙제 안 했니?
숙제 범위를 잘못 알았어
친구랑 잡은 약속을 왜 오늘이 돼서야 알려줘!

약속 하나하나를 일일이 엄마한테 보고해야 해?
방문 열어놓으랬지!
공부하고 있어서 닫은 거야!
핸드폰은 왜 또 꺼져있어? 충전 잘하고 다니랬지!

오늘도 참 듣기 좋은 엄마의 잔소리
귀에 딱지가 앉을 정도로 들어왔던 잔소리
내 가슴에 폭폭 박히는 잔소리
이렇게 오늘도 전쟁이 시작된다

방문을 열고 나와 보니
엄마는 어디 가고
상에 차갑게 식은 채로 차려져 있는
쇠고기뭇국

통통 부은 손가락으로
고기를 볶고 무를 썰고 육수를 끓여
나 하나 멕이려고
나 하나 기다리며
수없이 끓여왔을
그 쇠고기뭇국

내가 맛있다고 한번 말하자
질리도록 열 번을 먹어야 했던
그 쇠고기뭇국

맛을 한번 본다
오늘따라
맵다

유림이 시는 사춘기의 한가운데를 관통하는 딸과 엄마의 실랑이를 생생하게 그렸다. 중요한 건 갈등 자체가 아니다. 그걸 시로 표현하겠다고 결심한 유림이의 마음이다. 유림이도 알고 있다. 엄마가 왜 그런 잔소리를 쏟아 놓는지, 엄마가 무얼 걱정하는지. 또 자신의 말대답이 고분고분하지 않다는 것도 안다. 그런데 곰곰이 생각해 보면 그건 유림이 잘못도 엄마 잘못도 아니다. 사춘기의 '질풍노도'를 지나가는 과정일 뿐이다.

그 격랑을 지혜롭게 헤쳐 나가는 방법이 무얼까? 서로를 인정해야 하지 않을까? 내가 또는 우리 딸이 그런 시기라는 사실을 인식하고, 서로가 미워서 그러는 게 아니라는 점을 이해하고, 지금 이때를 슬기롭게 지내면 순풍에 돛을 달게 되리라는 기대를 버리지 않는 것! 이 또한 지나가리라고 한 발짝 물러설 수 있는 용기! 그게 필요하지 않을까?

유림이는 이미 그걸 알고 있다. 그래서 이렇게 멋진 시를 쓸 수 있었다. 유림이의 용기에 박수를 보낸다. 유림이가 용기 내서 쓴 시를 보고 부모님도 활짝 웃었다고 한다. 그 이후로 쇠고기뭇국을 먹는 날이 늘었다고 하는데, 지금 먹는 쇠고기뭇국은 이전에 먹던 쇠고기뭇국과는 사뭇 다르지 않을까 싶다.

그게 바로 시 쓰기의 힘이다. 늘 먹던 음식이지만 그걸 다르게 볼 수 있어야 시를 쓸 수 있고, 그렇게 시를 쓰면 늘 먹던 음식의 맛이 다르게 다가온다. 유림이가 엄마에 대한 오해를 풀고 사춘기의 한복판에서 살짝 벗어나게 되는 데 시 쓰기 활동이 조금이라도 도움이 되지 않았을까?

엄마 손 아자르 마리아

아아아아아아
주말 아침을 깨우는
소리
엄마가 손을 데었다

걱정할라

엄마는 괜찮다
나를 보고 웃는다

'엄마는 강하니까!'
뒤돌아 떠나는
어렸던 나

그날 저녁
문틈 사이로 들리는 소리
"많이 아팠어!"

마리아는 '엄마는 강하다'라는 전형적인 오해를 다뤘다. 엄마가 강하다는 건 모성애가 그렇다는 말이지, 엄마라고 해서 육체가 더 강건하거나 아픔을 느끼지 않는 건 아니다. 그런데도 마리아는 '엄마는 강하니까' 하며 그 자리를 떠나 버렸다. 어쩌면 그건 오해가 아니라 회피, 변명이 아니었을까?

오해가 오해로 끝났으면 이 시가 탄생하지 않았을 것이다. 마리아는 끝내 자신의 오해를 확인한다. 그건 앞에서 도연이가 엄마의 주름을 찬찬히 관찰하는 마음과 같다. '엄마는 강하니까'라고 돌아섰다고 했지만, 그러고 나서 마리아 마음이 편치 않았을 것이다. 그래서 모든 신경을 엄마에게

쏟고 있었을 테다. 그랬기에 저녁에 문틈으로 들려오는 낮은 소리를 알아챌 수가 있었다. "많이 아팠어!"라는 말을 듣고 자신의 오해를 깨달은 게 아니라 자신이 오해하고 있음을 짐작하고 있었기에 그 작은 읊조림에 귀 기울일 수 있었다. 그만큼 마리아의 마음이 섬세하다.

꿈 김노은

어렸을 적 내 꿈은
하늘을 나는 것이었다

내가 다섯 살 때부터 출장으로 바빴던 부모님과
떨어져 사는 건 일상이었고
걱정하는 엄마에게 항상
혼자 노는 게 좋다고
하얀 거짓말을 하곤 했다

그날은 엄마가 오랜만에
집에 오신 날
잠들기 전 누워있는 나에게
엄마가 물었다

"노은이는 꿈이 뭐야?"

나는 주저 없이 대답했다

"하늘 나는 거."

"왜?"

"하늘을 날면 엄마 출장 갔을 때

어디서 뭐 하는지 볼 수 있잖아."

그땐 몰랐다

어린 딸을 두고 출장 가는

엄마의 마음을

내 말을 듣던

엄마의 심정을

노은이는 시에서 어릴 적 자기 꿈을 소개했다. 하지만 주인공은 내가 아니라 엄마다. 내 꿈 얘기를 듣고 엄마가 어떤 마음을 느꼈을까? 그걸 시의 중심에 놓았기 때문이다.

어릴 때 노은이는 거짓말을 곧잘 했다. 그건 "하얀 거짓말"이었다. 다섯 살짜리 어린아이가 엄마 아빠가 걱정할까 염려되어 하얀 거짓말을 하는 장면은 무척 대견하면서도 한편으로는 쓸쓸하다.

그런데 그 거짓말은 오래가지 못한다. "하늘을 날면 엄마

출장 갔을 때/ 어디서 뭐 하는지 볼 수 있잖아"라는 말에 어린 마음을 들키고 말았다. 그러고도 어린 노은이는 엄마가 자기 마음을 알아차렸으리라고는 꿈에도 상상하지 못했을 것이다. 엄마를 완벽하게 속이고 있다고 오해했을 것이다.

그리고 시간이 한참 흘러, 10대 중반의 노은이가 그때 일을 회상한다. 그때 엄마 마음이 어땠을까? 자기가 느꼈던 외로움보다는 그런 딸을 바라보던 엄마의 마음을 살필 수 있을 정도로 노은이는 훌쩍 자랐다. 그렇게 오해하고 오해를 풀며 아이는 어른으로 성장한다. 딸의 시를 읽고 엄마가 많이 우셨다고 한다.

건네는 손길

사회 분위기 때문인지 고양이나 강아지도 단골로 등장한다. 유나는 길고양이를 소재로 오해를 노래했다.

길고양이 현유나

집 앞 공원 길고양이
까무잡잡하니 시크해 보인다

데려가고 싶지만

그러지 못한다

그 아쉬움에 매일 가서
간식도 사다 주고
이름도 붙여 주었다

그 이름은 '실버'
내가 '실버야!' 하고 부르면
꼬리만 살랑살랑 흔든다

그렇게 함께할 줄 알았는데
…

이 시를 제대로 이해하려면 수업 맥락을 알아야 한다. 착시,
착각, 오해를 담은 글을 여럿 읽었다고 했는데 그 가운데 하
나가 박완서 작가의 '오해'였다. 길고양이한테 밥을 챙겨 주
며 길들였다고 믿었는데 그게 '나만의 오해'였음을 깨달았
다는 내용이다.

　유나 시에서도 그와 비슷한 오해가 나온다. 공원에서 우
연히 만난 까무잡잡한 길고양이에게 '실버'라는 이름도 붙
여 주고 날마다 간식도 챙겼다. 집으로 데려가지 못해서 못

내 아쉬워하는 마음, 그런 실버를 위해 자기 용돈을 털어 간식을 사서 건네는 손길의 따스함이 잘 느껴진다.

그렇게 실버와 가까워졌다고 생각했는데, 어느 날 실버는 한마디 인사도 없이 홀연히 사라졌다. 그때는 고양이한테 서운한 마음이 있었을 텐데, 아마 '오해'라는 글을 읽으며 '아! 그때 실버가 그래서 그랬구나!'라고 조금은 이해하지 않았을까? 길들인다는 것은 인간 중심의 사고방식에서 비롯된 오해였음을. 고양이는 간식 조금 챙겨 준다고 그 대가로 자신의 자유와 자존심을 쉽사리 갖다 바치지 않는다는 것을.

사탕 속 이야기 강송연

"엄마, 나도 사탕 사 줘."
옆에 있던 꼬마가 엄마한테 조른다

"돈이 모자라."
혼잣말을 중얼거리는 아기 엄마
옆에서 꼬마는 계속 조른다

"애기야, 이거 먹어."

우리 엄마의 권유로 내가 양보한 사탕
내키지 않았지만 어쩔 수 없이 건넨 사탕

꼬마의 환한 표정
아기 엄마의 고마워하는 눈빛
우리 엄마가 나를 보고 찡긋! 윙크했다
덩달아 내 마음도 풍성해진 기분이었다

사탕보다 더 가치 있는
사탕 속 이야기

송연이 시를 읽으면 마음이 따뜻해진다. 송연이는 "엄마의 권유로" "내키지 않았지만 어쩔 수 없이" 사탕을 양보한다. 쭈뼛쭈뼛 사탕을 건네는 손길이 눈에 선하게 그려진다. 그런데 그 작은 손길로 인해 놀라운 변화가 생긴다. 여러 사람의 얼굴에 환한 웃음꽃이 활짝 피어난 것이다.

어린 송연이는 처음에는 자기 손에 있는 사탕을 주기 싫었다. 그걸 자신이 먹어야 행복해진다고 생각했기 때문이다. 그러나 이제는 알게 되었다. 내가 그 사탕을 먹으면 나 혼자 잠깐 즐거울 수 있지만, 누군가를 위해서 베풀면 더 많은 사람이 더 오래도록 행복할 수 있다. '나누기'를 하면 몫이 오히려 더 커진다는 삶의 역설을 깨달은 것이다. 그 덕분에 이렇게 멋진 시도 나올 수 있었다. 이런 경험이 쌓이면서 송연이는 더 멋진 어른으로 성장할 것이다.

어떤 주제로 시를 써야 할까?

시 쓰기를 지도하는 교사는 세 가지 오해에서 벗어나야 한다. 먼저, 주제를 자유롭게 풀어 주면 정말 자유롭게 쓸 수 있다는 오해다. 그렇지 않다. '무얼 쓰지?'를 고민하느라 학생들은 시를 쓰기 전부터 지친다. 시든 소설이든, 창작을 지도해 본 경험이 있다면 알게 된다. 적당한 제약이 있어야 충실한 결과물이 나온다. 주제도 마찬가지다.

둘째, 주제만 제시하면 알아서 쓴다는 오해다. 그건 첫 번째 오해만큼이나 무책임한 발상이다. 학생들은 대부분 창작을 두려워한다. 자기가 할 수 있는 일이 아니라고 생각하기 때문이다. 그런 학생들에게 주제를 던져 주면 물에 기름처럼 동동 떠다닌다. 그 주제가 학생들 삶으로 스며들도록 이끌어야 한다.

셋째, 그럴싸한 주제로 시를 써야 멋진 작품을 만들 수 있다는 오해다. 설레는 사랑이나 가슴 아픈 이별로만 시를 쓸 수 있는 건 아니다. 뜻밖의 주제에서 아름다운 작품이 탄생하기도 한다. 어떤 주제든, 그 주제를 가슴에 품고 싹을 틔우려고 애쓰는 마음만 있으면 시는 자란다.

올해 우리 아이들은 '내 인생의 오해'라는 주제를 받아 들고 무척 당황스러워했다. 이게 시가 된다고? 이걸로 시를 쓸 수 있다고? 머리를 갸웃거리며 의심하는 아이들이 많았다. 하지만 교사를 믿고 '오해'라는 씨앗을 가슴에 고이 품었다. 때로는 물도 주고 때로는 어루만지며 정성을 기울였더니 마침내 싹이 트고 꽃이 피었다.

어떤 주제로 시를 써야 할까? 어떤 주제든 다 괜찮다. 학생들이 그걸 어떻게 품느냐? 어떻게 하면 그 주제가 학생들의 삶에 스며드느냐? 그게 관건이다.

여기서 중요한 원칙을 만나게 된다. '시를 위한 시'를 버려야 한다. 올해 우리 아이들은 한 명도 빠짐없이 모두 멋진 시를 완성했다. 그건 '오해'라는 주제가 삶에 스며들었기 때문이다. 앞서 소개한 것처럼 올해의 수업 주제를 '내 인생의 오해'로 잡고 그 주제를 다룬 글과 시를 틈틈이 읽었다. 시를 쓰기 전에는 같은 주제로 수필을 먼저 썼고, 그걸 변형해서 네 컷 만화로 그리는 활동도 했다. 이처럼 '오해'는 아이들 삶에 서서히 스며들었고, 그래서 시를 쓸 수 있었다. 만약 시 쓰기 활동을 시작하면서 그제야 부랴부랴 주제를 제시했다면 어떻게 됐을까?

그러니, 어느 학교에서 어떤 주제로 시를 써서 시집까지

만들었다고 해서 그걸 모방하면 안 된다. 학생들의 삶, 교사의 삶, 교과서가 만나는 자리를 유심히 살피면 시의 주제가 튀어나온다.

시를 쓰려는 학생들에게

첫째, 실마리 하나만 잡으세요.

시를 쓰는 일은 어렵죠? 마치 엉킨 실타래 풀기와 비슷해요. 머리에는 뒤죽박죽 생각이 있지만 그걸 풀어내는 일은 만만치 않아요. 실타래를 풀려면 실 끝 하나만 잡아야 해요. 그걸 '실마리'라고 하죠. 실타래 전체를 쥐면 풀 수가 없어요.

시도 마찬가지예요. 멋지고 거창한 주제를 붙잡지 마세요. 철학적이고 무거운 주제는 마음을 짓눌러서 오히려 쓰기 어려워요. 실 끝 하나처럼 사소한 얘기를 찾으세요. 수업 시간에 공부하다가, 책을 읽다가, 길을 걷다가, 친구들과 얘기하다가, 문득 떠오르는 생각을 글로 옮기는 연습을 먼저 하기를 권해요. 그것도 시가 되냐고요? 그게 바로 시예요.

경험의 우물에서 길어 올린 시

글감 찾기

2018년, 아름다움이란 무엇인가?

해마다 주제 하나로 전체 수업을 두루 꿴다고 했는데 그 시작은 2018년이었다. 그때는 고등학교에서 문학 과목을 가르치고 있었는데, 교과서를 펼치면 먼저 문학이 무엇인지 장황한 설명이 이어진다. 그 가운데 하나가 '문학의 목적은 아름다움'이라는 말이었다.

문득, 아이들에게 물어봤다. 아름다움이 뭐냐고…. 아이들도 제대로 대답하지 못했고, 나도 딱히 알려 주기가 어려웠다. 그래서 같이 한번 찾아보자고 했다. 모둠에서 각자 아름다움을 느꼈던 문학, 영화, 노래를 소개하고, 그 작품에서 어떤 아름다움을 느꼈는지 발표했다. 서로의 발표에서 교집합을 찾아 아름다움이 어떤 것인지 어렴풋이 그려 보았다.

다음 수업부터는 작품을 읽을 때마다 그 작품은 아름다운지, 왜 아름답다고 느꼈는지, 그렇다면 아름다움이 무엇인지, 조금씩 이야기를 쌓아 갔다. 그때 아이들은 아름다움이 대상이 아니라 태도의 문제라는 점을 발견했다. 사진으로 치면 이렇다. 예쁜 연예인을 찍는다고 아름다운 사진이 되는 건 아니다. 관음적인 시선으로 찍으면 아름다움이 아니라 범죄다. 아름다움의 본질은 대상이 아니라, 그 대상을 바라보는 작가의 시선(태도)이다.

그런 잣대로 문학을 보니 다르게 보였다. 아이들은 등장인물의 마음을 상상하고, 더 나아가 작가가 왜 그런 인물을 창조했는지 상상했다. 멋진 주인공이 등장하는 작품이 아니라 등장인물을 따뜻한 시선으로 바라보는 작가의 작품을 좋아하게 되었다. 그런 잣대를 스스로의 삶에도 적용해 보라고 했다.

어떤 부모님이 아름다운 부모님일까요? 돈이 많은 부모님? 많이 배운 부모님? 성격이 좋은 부모님? 부모님 자체의 문제가 아니라 그 부모님을 바라보는 자녀의 마음이 본질이 아닐까요? 사회적으로 아무리 성공한 부모님이라도 자녀가 그 부모님을 존경하지 않는다면 그분은 부모로서는 실패한 셈이죠. 반대로 자녀에게 사랑받는 부모님이라면 직업이나 학력이 어떻더라도 그는 '아름다운 부모'가 될 수 있어요.

친구도 마찬가지다. 대상 자체가 아니라 그들을 대하는 내 마음(태도)이 아름다움의 본질이다. 내가 친구들을 좋게 본다면 내 주위에는 아름다운 친구들로 가득하게 될 것이다. 선생님도 다르지 않다. 어떤 선생님이 좋은 선생님일까? 물론 이 질문은 교사인 나 스스로에게도 던졌다. 교사로서 나는 학생들을 어떻게 보고 있나? 내가 어떤 학생을 좋아하거나 싫어한다면 그건 그 아이의 문제가 아닐 수도 있다. 학생을 바라보는 교사(나)의 태도를 돌아보았다.

글감 찾기의 어려움

시 쓰기 전체 과정을 끝내고 아이들에게 뭐가 가장 힘들었는지 물었다. 거의 모든 아이가 입을 모아 '주제에 맞는 경험 찾기'라고 대답했다. 다시 말해 '글감 찾기'를 가장 어려워했다. 아이들은 멋진 경험에서 멋진 시가 탄생한다고 생각한다. 오해다. 자기는 그럴싸한 경험이 없어서 시를 쓸 수 없다고 손을 놓아 버리는 아이도 있다. 그때 다시 아름다움을 애기했다.

아름다움은 대상 자체가 아니라 그 대상을 바라보는 태도의 문제라고 했죠? 시도 마찬가지입니다. 멋진 경험을 했다고 멋진 시를 쓸 수 있는 건 아닙니다. 아무리 사소한 경험이라도 여러분이 그걸 어떻게 바라보느냐? 그 태도에 따라 여러분은 멋진 시를 쓸 수도 있고 그렇지 못할 수도 있습니다. 너무 거창하고 멋진 경험은 버리세요. 부담스러워서 좋은 시를 쓰기 어렵습니다. 더 사소하고 소박한 경험을 찾으세요. 시를 쓸 수 있는 첫걸음입니다.

5월이면 부모님께 감사 편지를 쓰라고 하는 학교가 많다. 학생들에게 편지는 무척 낯선 매체다. 무얼 어떻게 써야 하나? 정말 괴로워한다. 그때도 이렇게 조언한다. "낳아 주셔서 감사합니다, 길러 주셔서 감사합니다." 이런 거창한 얘기는 너무 당연한 말이라 감동이 없다. 부모님이 기억하지도 못할 정말 사소한 경험을 찾아서 쓰는 게 좋다. 예를 들어, 이렇게….

초등학교 3학년 때였어요. 운동회 끝나고 집에 오는데 제가 달리기에서 상을 못 받아서 짜증이 많이 났죠. 그때 길가에서 민들레 한 송이를 꺾어서 주시면서 "그래도 나한테는 네가 1등이야"라고 말씀해 주셨죠. 그때는 말씀드리지 못했지만 속으로 얼마나 고마웠는지 몰라요. 저는 지금도 길가에 민들레만 보면 그때 일이 생각이 나요.

앞서 말했듯이, 부모님이 기억하지 못할 정도로 사소한 경험일수록 더 효과적이다. '나는 기억도 못 하는데 우리 아이가 이렇게 작은 일까지 기억하고 나한테 고마움을 느끼고 있구나!'라는 생각이 들어 더 크게 감동하기 때문이다. 민들레 한 송이만 봐도 부모님한테 고마움을 느끼는 아이라면 낳아 주고 길러 줘서 고맙다고 굳이 말해 무엇하랴? 부모님 역시 앞으로는 길가에 수줍게 핀 민들레를 보면 가슴이 뭉클할 것이다. 아이의 따뜻한 마음을 떠올리면서.

미안함도 마찬가지다. 따지고 보면 자식으로서 부모님한테 미안한 일이 한둘이 아니다. 당연하다. 부모와 자식 사이가 원래 그렇기 때문이다. "이것도 미안하고 저것도 죄송하고…." 이렇게 쓰면 감동이 없다. 부모님은 잊어버렸을 사소한 일을 떠올리고 "비만 오면 그때 그 파란 우산이 생각나요"라고 고백하라. 부모님도 비가 오면 그 우산을 떠올리게 될 것이다.

아름다운 시는 거창한 경험에서 나오는 게 아니다. 노란 민들레 한 송이, 비 내리는 날의 파란 우산에서도 부모님한테 고마움과 미안함을 느끼는 마음, 그 태도가 아름다운 시를 만든다.

사흘 동안 가슴에 품기
이제 저마다 민들레와 우산을 찾기 위한 여정이 시작되었다.

가족, 친구, 선생님 가운데 누구든 한 사람을 떠올리세요. 애써 누군가를 고르려고 하지 마세요. 그냥 지금 문득 떠오르는 사람이면 됩니다. 앞으로 사흘 동안 그 사람을 마음에 품고 생활하세요. 밥을 먹을 때도 그와 함께 먹었던 밥을 생각해 보세요. 길을 걸을 때도 그와 같이 걸었던 길을 기억해 보세요. 잠을 잘 때도, 책을 읽을 때도, 급식실에 줄을 서서 기다릴 때도, 그와 연결해 보세요. 그러면 뭔가 "툭!" 생각나는 게 있을 겁니다. 그걸 그대로 쓰세요.

아이들은 강아지나 고양이는 안 되냐고 물었다. 그러고 보니 이제는 그 아이들도 가족의 일부가 되었다. 안 될 이유가 없었다. 그러자 누군가 "나무는 안 되나요?"라고 물었다. 그 아이가 바로 앞에서 소개한 하로였다. 한참을 고민하다 이렇게 답했다.

나무라고 해서 안 될 건 없겠죠. 그런데 나무를 가슴에 품었을 때 다른 사람들도 고개를 끄덕일 수 있는 '울림'이 생겨날 수 있을까요? 그것만 있다면 나무도 괜찮겠어요.

하로는 평소에도 남들이 미처 생각하지 못하는 창의적인

사고를 즐기는 아이였고, 그런 도전 정신이 나무를 소재로 멋진 시를 쓸 수 있는 원동력이 되었던 것 같다. 하로의 도전 정신 덕분에 다른 아이들도 용기를 내서 저마다의 기억에서 민들레와 우산을 찾기 시작했다.

어느 날 농구공이 내게로 왔네

수하는 점심을 먹고 늘 농구장에서 공을 던진다. 공을 던지며 공부 스트레스를 날리는 듯 보였다. 날이 춥든 덥든 참으로 한결같은 아이다.

　누구나 그랬겠지만 자기 경험에서 시의 글감을 찾으라는 말에 무척 난감했을 것 같다. 그날도 농구장에서 혼자 열심히 공을 던지다가 문득 이런 생각을 하지 않았을까? '그래! 내가 가장 좋아하는 이 농구공으로 시를 써 보자.'

농구 잘되는 날 김수하

해가 쨍쨍한 날이었다
점심부터 연습했는데 도통 들어가질 않았다
튕겨 나가면 다시 주워 오고
튕겨 나가면 다시 주워 오고

농구공에게 막 욕을 했다
멀리 날아간 공을
외롭기라도 하라는 듯
느릿하게 주우러 갔다

마음을 다잡고 다시 던졌을 때
농구공이
촥—
하고 들어갔다

그 순간 먼지 묻고 더러운 농구공이
반짝반짝 빛나 보였다

농구공이 말했다
그러게 처음부터 잘하지 그랬냐?
바보같이 나한테 욕이나 하지 말고…

시는 하늘에서 우연히 툭 떨어지는 게 아니다. 수하가 농구
공을 던지면서도 '뭘 쓸까?'라며 시에 마음을 쏟았기에 이런
시를 쓸 수 있었다. 수하의 시를 보며 칠레의 민중 시인으로
노벨문학상을 받은 파블로 네루다가 떠올랐다.

그래, 그 무렵이었어… 시가

나를 찾아왔어, 난 몰라, 그게 어디서 왔는지,

모르겠어, 겨울에서인지 강에서인지,

언제 어디서 왔는지 나는 모르겠어,

아냐, 그건 목소리가 아니었고, 말도,

침묵도 아니었어.

하지만 어느 거리에선가 날 부르고 있었지.

-파블로 네루다, '시'의 앞부분

시인은 언제 어디서 왔는지 모르겠으나, 어느 날 문득 시가
자기를 찾아왔다고 고백한다. 그런데 그 시가 왜 하필 네루
다를 찾아갔을까? 나를 찾아온다면 얼마나 좋을까? 나도
노벨문학상을 탈 수 있을 텐데 말이다. 시가 나를 버려두고
네루다를 찾아간 이유는 간단하다. 네루다 역시 시를 찾아
간절히 헤매고 다녔기 때문이다. 고백하건대, 나는 그러지
못했다.

수하는 농구공을 던지면서도 시를 찾아 헤맨 모양이다.
그건 농구공이 촥— 소리를 내며 들어가는 순간과 비슷하
다. 어쩌다 우연히 촥— 빨려 들어갔다고 오해할 수도 있지
만, 사실은 그렇게 되기까지 "튕겨 나가면 다시 주워 오고/
튕겨 나가면 다시 주워 오"는 연습을 했기에 가능한 일이었

다. 그렇게 해야 "반짝반짝 빛나"는 농구공을 만날 수 있다.

처음부터 농구공은 잘못이 없었다. 마찬가지로 시가 나를 찾아오지 않는다고 "바보같이" 시를 향해 욕을 해서는 안 된다. 농구공을 던질 때든, 밥을 먹을 때든, 노래를 부를 때든, 친구와 잡담할 때든, 사흘만 시를 가슴에 품어 보라. 촤— 소리를 내며 반짝반짝 빛나는 시가 나를 찾아올 때까지.

하은이도 오래도록 시를 마음에 품었다. 그러던 어느 날 사촌 동생이 집에 놀러 왔다. 두 살 터울인데 친자매처럼 살갑게 잘 지내는 사이였다. 동생과 웃고 떠들며 지난 추억을 얘기하다가 문득 그날의 기억이 찾아왔고, 그걸 시로 썼다.

거울 이하은

내 생일이었다
항상 케이크를 먹었는데
할머니께서 팥빵을 사주셨다

케이크를 좋아하는데
팥빵이어서

서운한 마음에 나도 모르게
울어버렸다

중학생이 되어
사촌 동생 선물로
향수를 주었다

—언니!
이거밖에 없어?
그 말에

투정 부리던 내가
겹쳐 보였다

시는 그렇게 찾아온다. 사촌 동생과 즐겁게 놀면서도 '뭘 쓸
까?' 고민을 놓지 않았던 하은이의 품으로.

　사실 하은이는 '뭘 쓸까?'만 놓지 않은 게 아니다. 팥빵
을 받고 울었던 철부지 어린 시절의 부끄러웠던 일도 기억
에서 놓지 않았다. 그때 할머니 기분이 어떠셨을까? 마음이
쓰였기 때문이다. 어쩌면 할머니는 그 일을 잊으셨을 수도
있다. 그러다 하은이가 쓴 시를 보면서 이렇게 생각하시지

56

않았을까?

맞아. 그때 그런 일이 있었지. 나는 까마득하게 잊고 있던 일인데 하은이는 아직도 그걸 기억하고 있었구나. 하은이가 이렇게 사소한 데까지 마음을 쓰고 있었다니….

이 팥빵이 하은이에게는 노란 민들레 한 송이, 비 내리는 날의 파란 우산이었던 셈이다. 그걸 찾아내면 시는 생명력을 얻고 읽는 사람에게 감동을 줄 수 있다. 만약에 하은이가 "할머니! 늘 감사해요. 할머니! 정말 사랑해요." 이렇게 흐릿하게 썼다면 어땠을까? 거창한 감사와 사랑을 나열하지 말고 기억 저편에 남아 있는 팥빵 하나를 찾아야 한다. 팥빵이 나를 찾아올 때까지 시를 마음에 품어야 한다. 그럴 때 시가 살며시 나를 찾아온다.

아픔의 무게

수하와 하은이는 누구나 겪을 수 있을 법한 평범한 경험에서 아름다운 시를 길어 올렸다. 그와 달리 때로는 조금 묵직한 경험을 시에 담기도 한다.

민지는 학교 배구부 주전 선수다. 몸도 건강하지만 그에 못지않게 마음도 무척 단단해서 친구들과 선생님을 늘 먼저 배려하는 멋진 아이다. 그런 민지한테도 아픈 기억이 있었다. 먼저 시의 제목부터 보자. '눈물의 무게'인데 과연 어떤 경험을 담았을까? 이렇게 예측하며 시를 읽으면, 예측이 맞으면 맞는 대로 틀리면 틀린 대로 시를 더 재미있게 읽을 수 있어서 좋다.

눈물의 무게 서민지

깜깜한 밤 고요한 밤
복싱장에 들어서자
관장님이 나를 부르셨다
—네가 살이 빠지지 않아
어머님께서 전화하셨어

관장님은 전보다
2배 3배 더 빡세게
운동을 시켰다

나는 살이 빠진다는 생각보다
서럽고 힘들다는

생각이 더 들었다
복싱장을 뛰쳐나가고 싶었다

하지만 그럴 수 없었다
그때 관장님은
너무 무서웠다

운동을 마치고
복싱장을 뛰쳐나왔다
엄마가 밉다는
생각이 들었다

눈물이 났지만 꾹 참으며
집으로 갔다
그날이 내 생애
가장 서러운 날이었다

그때 내가 뺀 20kg은
눈물의
무게였다

민지는 20kg을 감량했다. 그건 아무나 쉽사리 할 수 없는 강렬한 경험이다. 이 시를 읽기 전에도 민지가 몸무게를 많이 줄였다는 얘기는 들어서 알고 있었다. 하지만 자세한 내막은 몰랐다. 이 시를 읽고 나서야 민지가 뺀 20kg이 고통과 인내의 결과였음을 알게 되었다.

워낙 강렬한 경험이다 보니 민지가 이걸로 작품을 쓴 게 이번이 처음은 아니었다. 1학년 때 민지를 가르쳤던 국어 선생님이 이 시를 보시더니 "이 녀석! 작년에는 이걸로 수필을 쓰더니…" 하며 허허 웃으셨다. 민지는 다른 친구들에 견주어 '뭘 쓸까?'에 대한 고민은 크지 않았다. 그런데 그 경험을 간결한 시로 다듬는 건 또 다른 차원이었다.

민지는 몸무게만 줄인 게 아니었다. 처음에 수필처럼 장황하게 썼던 글을 줄이고 또 줄여서 겨우 시의 꼴을 갖추었다. 하지만 끝내 뭔가 탐탁하지 않았다. 머리를 쥐어짜던 민지는 시를 여기저기 보여 주며 의견을 물었다. 그때 누군가 "네가 뺀 몸무게가 혹시 눈물의 무게만큼 아니었어?"라고 했고, 순간 민지의 얼굴이 환하게 빛나는 게 보였다. 그렇게 마지막 연이 탄생했고, 그게 화룡점정이 되어 이 시가 살아났다.

다른 친구들이 '뭘 쓸까?'를 가슴에 품고 시를 찾아 헤맸다면, 민지는 글감은 쉽게 찾았다. 대신 그걸 '어떻게 표현할까?'를 고민하며 긴 시간을 견디었다. 어쩌면 민지가 복싱장에서 견딘 시간만큼이나 인내가 필요했으리라. 그렇게 시가 무르익었다.

이 시를 보고 어머니는 "그때 내가 전화하기를 잘했지?"라며 웃으셨다는데, 그 전화 덕분에 민지는 체중 감량에도 성공하고, 1학년 때는 멋진 수필을, 2학년 때는 멋진 시를 쓰게 되었다. 더 나아가 이렇게 책에도 실리게 되었다. 민지 어머니는 이 모든 걸 예측하셨던 걸까?

수술 이다연

어릴 때부터 척추측만증을 가지고 있던 나는
늦게 발견한 탓에 수술을 감안해야 했다

하지만 정작 수술 소식을 들었을 때
머릿속이 새하얗게 변했다

엄마께서는 수술을 권유하셨지만
수술이 아프다고 생각했던 나는
그 사실을 받아들이지 못했다

엄마가 내 생각을 존중해주실 거라 믿었지만

오히려 나를 설득하셨다

―수술을 하는 건 난데

내가 결정하면 안 되는 건가?

엄마가 나를 이해하지 못한다고 생각했고

그런 엄마한테

서운했다

그때는

허리가 휘어서

마음도 휘었었나?

다연이는 민지 못지않게 커다란 아픔을 겪었다. 어린 나이
에 감당하기 버거운 수술이었을 테다. 그래서 그때는 엄마
를 원망하는 마음도 있었다. 다행스럽게도 수술이 안전하
게 잘 끝났고, 아직 과격한 행동은 무리지만 일상에서는 커
다란 불편을 느끼지 못할 정도로 거의 회복되었다고 한다.
그와 더불어 엄마에 대한 '오해'도 풀렸다.

　민지의 시에서도 마지막 연이 화룡점정이 된 것처럼, 다
연이 시에서도 마지막 연이 작품 전체를 살렸다. 엄마에 대

해 느꼈던 서운함이 오해였음을 고백하고 있다. 그러고 보면 다연이는 수술로 휘어진 허리만 바로잡은 게 아니었다. 삐뚤어진 마음도 올곧게 폈다.

나를 죽이지 않는 것은, 나를 더 강인하게 만든다.
Was mich nicht umbringt, macht mich st rker.

독일의 철학자인 프리드리히 니체가 한 말이다. 표현을 부드럽게 바꾸면 '아픈 만큼 성숙한다'라는 뜻이다. 민지도 다연이도 아픔을 겪으며 많이 성장했다. 아픔은 나쁘다고, 무조건 피해야 한다고 생각했다면 그건 오해다.

돌멩이 위에 지은 집

민지와 다연이가 몸으로 아픔을 견디었다면 마음으로 아픔을 겪기도 한다.

물집 이윤지

손가락 위에 조그맣게 지어진 집은
나를 신경 쓰이게 한다
무너뜨릴까 말까 수백 번 고민하지만

바늘을 손에 대보지도 못한다

지나가는 한마디에 긁혀 지어진 집은
나를 신경 쓰이게 한다
누군가 다가와 집을 발로 툭툭 찰 때까지
문도 열어보지 못한 채 꾹 참는다

아픔을 참으면
아프지 않을 거라고 생각했지만
물집은 그저 자라나고
덧날 뿐이었다

윤지는 물집을 "손가락 위에 지어진 집"이라고 표현했다. 그
랬기에 "무너뜨릴까 말까"라는 감각적인 표현이 뒤이어 나
올 수 있었다. 신경 쓰이고 성가시지만 그걸 터뜨릴 용기가
도무지 나질 않는다. 손가락에 물집이 잡힌 경험이 있는 사
람이라면 누구라도 고개를 끄덕이며 공감하지 않을까. 그
만큼 시의 느낌이 생생하다.

　1연의 "손가락 위에 지어진 집"은 2연의 "지나가는 한마
디에 긁혀 지어진 집"으로 연결된다. 이 흐름 또한 무척 감
각적이다. 말 때문에 상처 입은 쓰라린 마음을 어쩜 이렇게

손으로 만지듯 또렷하게 그렸을까? 그만큼 윤지의 표현력이 뛰어나다.

오해는 3연에 나온다. 손가락 위의 물집도 그렇지만 마음의 상처도 참는다고 저절로 낫지 않는다. 용기를 내서 물집과 상처에 당당히 맞서야 한다. 윤지는 그걸 깨달았으니 또 그만큼 자랐다. 앞으로도 물집과 상처를 많이 만날 텐데, 그때 이 시를 꺼내서 다시 읽어 보면 좋겠다.

윤지 시를 읽으며 그 물집이 왜 하필 손가락 위에 생겼을까 생각해 본다. 손가락은 일상에서 여기저기 가장 많이 접촉하는 신체 부위다. 그러다 보니 물집이 생기기도 쉽고, 그래서 더 아프고 불편하다. 말로 인한 상처도 비슷하다. 나를 잘 모르는 사람이 나한테 상처를 줄 것이란 오해와 달리 가장 가까이 있어서 가장 자주 만나는 사람한테 상처받을 가능성이 더 크다. 가족이나 가까운 친구들, 믿었던 만큼 배신감도 크고 수시로 얼굴 맞대야 하니 어색함도 더 커진다. 그러니 덧나기 전에 서둘러 용기를 내야 한다.

여기서 우리는 '시를 어떻게 써야 하나?'에 대한 해답을 하나 얻을 수 있다. 구체적으로 표현해야 한다. 만약 윤지가 '몸 어딘가에 생긴 물집'이라고 두루뭉술하게 썼다면 어땠을까? "손가락 위"라고 꼭 찍어서 썼기에 더 깊은 얘기가 펑펑 샘솟는다. 시에서는 작으면 작을수록 더 깊은 울림이 있다고 했는데, 윤지 시가 그걸 증명하고 있다. 크고 거창한 경험이라야 멋진 시가 된다는 생각은 오해다. 오히려 일상적이고 사소한 경험에서 길어 올린 시가 훨씬 더 감동적일 때가 많다.

윤지는 어떻게 이렇게 감각적인 시를 쓸 수 있었을까? 윤지 얘기를 직접 들어 보자.

그때 마침 제 손가락에 물집이 있었어요. 그걸 보면서 이름이 '집'이라는 데 주목하게 되었어요. 이게 왜 집일까? 그러다 마음의 상처를 떠올렸고, 거꾸로 마음의 상처를 '집'이라고 표현해서 마음의 상처를 회복하고 치유하는 과정을 집의 문을 여는 행동으로 표현했어요.

뭘 쓸까? 윤지는 아마 며칠 동안 고민했을 것이다. 그러다 문득 손가락 위의 물집을 보게 된다. 어느 날 '물집'이 나를 찾아온 것이다. 시는 그렇게 찾아온다.

루아는 정말 다정다감하고 속 깊은 아이다. 학교에서도 친구들을 늘 포근하게 보듬는다. 학생회 활동도 열심히 하고, 동아리로 봉사반을 선택할 정도로 마음이 따뜻하다. 루아도 윤지와 비슷한 아픔을 노래했다.

돌멩이 안루아

어렸을 때 길을 가다
작디작은 돌멩이에 걸려
넘어지곤 했다
무릎에 피가 송글송글

어린 마음에
돌멩이가 나빠 보였다
울면서 집에 오니
할머니가 약을 발라 주셨다

요즘은 돌멩이가 아니라 사람에 걸려
넘어지곤 한다

사람에 걸려 넘어지는 건
돌멩이에 걸려 넘어지는 것과
비교조차 어려울 만큼
쓰라리다

할머니 약으로도
낫지 않는다

돌멩이보다 사람 마음이
더 무겁고
더 아프다

얼핏 봐서는 내용이 단순하다는 생각이 들 수도 있지만, 자세히 보면 루아의 경험과 자라 온 과정이 오롯이 드러난다.

어릴 때는 돌멩이에 걸려 넘어지곤 했다. 그럴 때면 돌멩이를 원망했는데, 지금 와서 생각해 보면 돌멩이가 내 발을 건 게 아니다. 내가 걸린 거다. 돌멩이는 잘못 없다. 그런데도 어린 마음에 돌멩이가 나빠 보였다.

자라서는 사람에 걸려 넘어진다. 눈에 보이는 무릎의 상처는 할머니 약으로 치료할 수 있지만, 눈에 보이지 않는 쓰라린 마음은 아무리 해도 쉬이 낫지 않는다. 그게 오히려 더 무겁고 더 아프다.

그런데 루아는 왜 그렇게 사람에 걸려 넘어지는 걸까? 루아가 다정다감하고 속 깊은 아이라서 그렇다. 누군가 생각 없이 내뱉은 말일 수 있지만 루아는 그걸 마음에 담는다. 보통 사람이라면 무심하게 그냥 지나쳤을 테지만 루아는 그러지 않는다. 그러다 보니 거기 걸려 넘어지곤 한다. 루아가 약한 아이라서 그런 게 아니다.

이 시를 쓰면서 루아는 자기 마음속 돌멩이를 찬찬히 들여다보지 않았을까? 그 돌멩이가 어디에서 왔는지, 자기가 왜 거기에 걸려 넘어졌는지, 그 돌멩이를 어떻게 치울 수 있는지. 그러면서 한 단계 더 성장했으리라 믿는다. 같은 돌멩이라도 거기에 걸려 넘어지면 걸림돌이 되고, 그걸 딛고 일어서면 디딤돌이 된다. 돌멩이가 나쁘기만 한 게 아니다. 루아가 지금처럼 다정다감함을 잃지 않으면서도, 자기 앞의 돌멩이들을 디딤돌 삼아서 더 높이 성장해 나가기를 기대해 본다.

윤지와 루아는 글감도 비슷하지만, 그 글감을 찾아내는 과정도 서로 비슷했다. 윤지가 먼저 손가락의 물집을 보고 마음속의 상처로 깊이 들어갔다면, 루아는 요즘 자꾸 사람들한테 걸려 넘어지는 일을 생각하다가 어릴 때 돌멩이를 떠올리게 되었다. 루아는 그 과정을 이렇게 말했다.

2학년이 되면서 이런저런 스트레스가 많았어요. 저 자신이 불안정하니까 힘들었던 일들이 자꾸 떠오르더라고요. 사소한 일에도 짜증이 나고, 오래된 친구들과도 몸이 멀어지니까 관계도 멀어지는 느낌이었어요.

학교생활이 즐겁긴 하지만, 시험 때문인지 답답한 느낌도 많았고요.

어느 날 집에 가는데 길에 떨어진 돌멩이가 보이는 거예요. 그 돌멩이가 인간관계 같다는 생각이 들었어요. 어릴 때는 종종 돌부리에 걸려 넘어졌지만 지금은 몸이 커져서 잘 안 넘어지는 것처럼, 요즘 내가 힘든 상황도 나중에는 다 괜찮아지지 않을까 하는 마음으로 시를 썼어요.

윤지와 루아가 멋진 글감을 찾아낼 수 있었던 건 오래 고민하고 관찰한 덕분이다.

그날의 그 떡볶이
내 취향을 고백하자면 한비처럼 쓴 시를 좋아한다.

초등학교 졸업식 손한비

오늘은 초등학교 졸업식이다
졸업장을 받았다
이제
초등학교를 떠나야 하는 것이

실감이 났다

졸업식이 끝나고 친구들과
분식집에서 떡볶이를 먹었다
맛있었다

하지만 이제는 이 맛있는 떡볶이를
친구들과 먹을 수 없다고 생각하니
떡볶이가 맛이
없어졌다

한비는 시에서 겉멋을 부리지 않았다. 대신 교사의 안내에
따라 경험의 우물에서 담백한 시 한 편을 길어 올렸다. 멋지
게 쓰려고 애써 꾸미지 않았지만, 한비의 마음이 읽는 사람
에게 고스란히 전해진다.

　한비는 졸업식에서 두 장면을 떠올렸다. 하나는 졸업장
을 받는 순간이고, 다른 하나는 친구들과 함께 먹은 마지막
떡볶이다. 흔히 졸업식의 꽃은 졸업장이라고 생각하기 쉽
지만, 그 장면만 묘사했다면 이 시는 무척 밋밋했을 것이다.
사람의 마음을 움직이는 건 거창한 졸업장이 아니라 오히
려 사소한 떡볶이다. 시에서는 작은 걸 다룰수록 감동이 커

진다는 사실을 다시 확인하게 된다. 그걸 찾아내느냐 못 찾아내느냐 그게 관건인데, 한비는 용케 잘 찾았다.

어떤 글감으로 시를 써야 할까?

시 쓰기를 지도하는 교사들이 가장 어려워하는 단계 가운데 하나가 바로 글감 찾기다. "쓸 게 없어요" 하며 한사코 버티는 학생들을 설득해서 글감을 길어 올리도록 북돋우는 일이 만만치 않기 때문이다. 글감을 찾는 방법으로 발명, 발견, 발굴이 있다. 비슷해 보이지만 저마다 뜻이 다르다.

발명은 없던 걸 새로 만들어 내는 일이다. 글감으로 치자면 겪지도 않은 일에서 글감을 거짓으로 지어내어 시를 쓰는 방법이다. 학생들은 허구로 시를 짓는 걸 편하게 생각하지만 그렇게 해서는 자기 언어로 생생하게 그려 내기가 어렵다. 앞으로도 몇 번 강조하겠지만 독자의 마음을 움직이는 힘은 '구체성'에서 비롯된다. 내가 직접 겪지 않은 일을 구체적으로 묘사하는 일은 쉽지 않다. 구체적인 것을 붙잡아야 세밀하게 살필 수 있고, 요리조리 들여다보고 살펴야 더 깊이 만나게 되고, 그래야 거기에서 뜻밖의 것이 피어나기도 한다.

직접 겪은 일 가운데 글감을 찾는 방법으로는 발견과 발굴이 있다. 발견은 길가에 떨어진 물건을 줍는다는 느낌이다. 눈에 잘 띄기에 그걸 찾는 일은 그리 어렵지 않다. 민지(눈물의 무게)나 다연(수술)이처럼 남들이 쉽게 할 수 없는 특별한 일을 경험했다면 그걸 '주워서' 시로 쓰면 된다.

하지만 청소년 학생들에게 그런 특별한 경험이 흔한 일은 아니다. 그럴 때 학생들은 "쓸 게 없어요"라고 버티곤 한다. 이때는 '발굴'해야 한다. 발굴은 흙 속에 묻힌 걸 파내는 일이다. 무턱대고 아무 땅이나 파서는 안 된다. 흙 위로 뭔가 뾰족하게 올라온 단서를 보고 땅을 파면 그 안에서 뜻밖의 보물을 찾아내곤 한다.

글감을 찾는 일은 발굴에 가깝다. 삶의 아주 사소한 경험에서 의미를 찾아내서 그걸 시로 쓰기 때문이다. 일상의 경험에서 시의 글감을 '발굴'하도록 이끄는 방법은 이미 앞에서 자세히 설명했다. 요약하면 이렇다.

첫째, 아름다움의 본질은 대상이 아니라 그 대상을 바라보는 태도다. 글감도 마찬가지다. 거창한 경험에서 멋진 시가 나온다는 생각은 오해다. 사소한 경험에서도 의미를 찾아내려는 태도, 그게 아름다움의 본질이다. 그러니 쓸 게 없어서 시를 못 쓰는 건 아니다.

둘째, 좋은 글감을 찾아내려면 시간이 필요하다. 시로 쓰겠다고 생각한 대상을 마음에 품고 적어도 사흘은 지켜봐야 한다. 앞서 〈시〉라는 영화에 나왔던 김용택 시인의 강의를 인용했는데 그걸 다시 보자.

사과라는 것을 정말 알고 싶어서, 관심을 가지고 이해하고 싶어서, 대화하고 싶어서 보는 것이 진짜로 보는 거예요. 오래오래 바라보는 거죠. …그렇게 보는 깃이 진짜로 보는 거예요. 무엇이든 진짜로 보게 되면 뭔가 자연스럽게 느껴지는 것이 있어요. 샘에 물이 고이듯이….

영화에서 주인공은 김용택 시인이 말한 대로 밤새 사과를 본다. 그리고 마침내 시 한 편을 완성한다.

셋째, 한 장면을 포착해야 한다. 비유하자면 소설은 영화고 시는 사진이다. 경험을 길게 나열하면 시가 되기 어렵다. 그 경험 가운데 가장 인상적인 장면—그 순간이나 사물을 '찰칵' 붙들어야 한다. 거듭 강조하지만, 그건 사소할수록 좋다. 떡볶이처럼.

따로 또 같이
산을 오르다 보면 깔딱 고개를 만나게 된다. 숨이 턱까지 차오른다. 포기하고 싶어지는 순간이다. 그렇지만 그 고비만 넘기면 정상이다.

시 쓰기 과정에서는 글감을 찾는 단계가 깔딱 고개다. 학생들에게 물으면 열에 아홉은 글감 찾기가 가장 어려웠다고 답한다. 그러니 시 쓰기를 지도하는 교사도 이 고비를 넘기가 무척 벅차다. 바꿔 말하면, 이 고개만 잘 넘으면 시 쓰기는 거의 끝난 셈이다. 학생들도 글감을 찾았으면 그게 아까워서라도 어떻게든 시를 완성하려고 애쓴다. 깔딱 고개를 넘었는데, 바로 눈앞에 보이는 정상을 외면하기는 쉽지 않다.

글감 찾기의 깔딱 고개를 넘으려면 먼저 학생 스스로 고민해야 한다. 시간이 쌓여야 한다. 이건 스펀지에 물방울 떨어뜨리기와 비슷하다. 처음에 한두 방울 떨어뜨려 봐야 흔적도 없이 사라진다. 그런데 그게 계속 쌓이면 스펀지에 물이 흥건하고, 그런 상태에서는 살짝 톡 건드리기만 해도 물이 좌—악 쏟아진다. 시는, 글감은 그렇게 우리를 찾아온다.

학생들은 스펀지에 물을 몇 방울 떨어뜨렸는데도 뭔가 나오질 않으니 지쳐서 포기하곤 한다. "난 안 돼!"라고. 거기서 몇 방울만 더 떨어뜨리면 포화 상태에 이른 스펀지가 물을 쏟아 낼 텐데. 몇 걸음만 더 걸으면 능선이 나타날 텐데.

다른 단계도 그렇지만, 특히 글감을 찾을 때는 학생들을 혼자 방치하면 안 된다. 수업을 구상할 때도 이 단계에 시간을 많이 할애해야 한다. 그렇다고 몇 시간 동안 글감만 찾을 수는 없다. 이를테면, 이렇게 할 수 있다.

단계	주요 활동	세부 활동
1	주제 정하기	주제에 대한 설명 주제와 관련된 작품 감상
2	글감 찾기	글감 찾는 방법 설명 모둠에서 서로 얘기 나누기
3	표현/운율 다듬기	반어,역설을 활용해서 고치기 운율이 드러나게 고치기

2단계와 3단계를 이어서 진행하지 않고 사이에 다른 수업을 두세 시간 끼워 넣으면 좋다. 그러면 학생들이 시간을 충분히 두고 글감을 찾을 수 있다. 그럴 때도 알아서 글감을 찾으라고 학생들을 버려두면 안 된다. 수업을 조금 일찍 끝내고 글감을 잘 찾고 있는지, 어떤 어려움이 있는지 확인해야 한다.

모둠으로 서로 얘기할 시간을 짧게라도 주면 더 좋다. 혼자 깔딱 고개를 넘기는 지겹다. 친구들 손을 잡으면 조금 더 쉽게 넘을 수 있다. 앞서 소개한 '물집'이라는 시를 쓴 윤지는 이렇게 말했다.

시를 쓸 때 글감을 정하는 일이 가장 어려웠습니다. 무언가 기발한 소재를 떠올리고 싶었는데 쉽지 않았어요. 그때 친구들과 부담 없이 편하게 얘기하면서 소재를 많이 떠올려 볼 수 있었고, 그 가운데 하나를 골라 시로 쓰게 되었습니다. 혼자 고민하고 번뇌하는 것도 좋지만, 친구들과 함께 생각나는 것을 막 뱉어 보고 주위에 있는 걸 떠올려 보고 적어 보면서 자유롭게 생각할 수 있는 시간이 필요한 것 같아요.

좋은 글감을 찾으려면 각자 혼자 고민하는 시간과 함께 친구들과 하하 호호 수다 떠는 시간이 알맞게 버무려져야 한다. 글감은 따로, 또 같이 찾는 것이다.

둘째, 뭉친 실타래를 펼쳐 내세요.

시를 쓰려면 먼저 엉킨 실타래에서 실마리 하나만 잡으라고 했죠. 실타래 전부를 쥐면 풀 수가 없기 때문이에요. 마찬가지로 겪은 일 전체를 쓰려고 하지 마세요. '찰칵'하는 사진처럼 가장 인상적인 장면 하나만 붙잡으세요.

그런 다음 그걸 펼치세요. 시간을 '찰칵' 한순간에 정지시켜 놓고 그 장면을 천천히, 느리게, 꼼꼼하게 그림으로 그리세요. 실타래처럼 똘똘 뭉쳐진 이야기는 독자 마음에 닿지 않아요. 독자도 그 상황과 마음을 고스란히 느낄 수 있게 펼쳐 내세요. 짧은 순간을 낚아채서 그림으로 그리듯이 더 자세하게 펼쳐 내서 보여 주기, 그게 시 쓰기의 알맹이입니다.

가슴에 품은 송곳 하나

내면의 상처를 응시하는 용기

2019년, 실존주의

2018년 한 해 동안 '아름다움이란 무엇인가?'라는 주제로 전체 수업을 꿰었다고 했는데, 그 주제는 2019년에 '실존주의'로 이어졌다. 그 흐름은 이렇다.

그때 우리는 '아름다움'이라는 주제를 문학을 넘어 사람에게도 적용해 보았다. 어떤 부모가 아름다운가? 어떤 친구가 아름다운가? 어떤 선생님이 아름다운가? 그러면서 '대상'이 문제가 아니라 그 대상을 바라보는 '태도'가 아름다움의 본질이라는 걸 알아냈다.

그 잣대로 '인생'도 들여다보았다. 어떤 인생이 아름다운가? 복권에 당첨된 인생? 상위권 대학에 진학한 인생? 유명한 연예인의 인생? 아니면 유명한 연예인과 결혼한 인생? 과연 어떤 삶이 행복할까? 재벌 3세로 태어나면 행복할까?

철수와 영수는 재벌 3세다. 철수는 자신에게 주어진 행운에 감사하며 소외된 약자를 돕는 재단을 만들어서 사회적으로 존경받는다. 하지만 영수는 물려받은 재산을 노름과 마약으로 탕진하다가 교도소에서 생을 마감한다. 아름다운 인생을 만드는 열쇠는 삶의 태도다. 재벌 3세로 태어나는 게 중요한 게 아니다. 재벌 3세로 태어나서 어떻게 사느냐? 그 선택(태도)이 관건이다.

그런 고민은 자연스럽게 '실존주의'에 대한 관심으로 이어졌다. '실존주의(實存主義)'는 말부터 어렵다. '실존(實存)'은 '실제로 존재함'이라는 뜻인데 더 쉽게 말해서 '있는 그대로'라는 의미로 풀이할 수 있다. 프랑스의 실존주의 철학자 장 폴 사르트르가 '실존은 본질(本質)에 앞선다'라고 말했는데 이건 대충 이런 뜻이다.

지금 있는 모습 그대로의 나를 인정하고 받아들이자!

실존주의에서 중요하게 생각하는 핵심 개념은 세 가지다. 부조리, 선택, 과정이다. 먼저, 실존주의는 인간의 삶이 '부조리'하다는 인식에서 출발한다. 내 삶인데 내가 어찌할 수 없는 한계가 너무 많다는 인식이다. 내가 이 나라에 태어난 것도, 이 부모님 밑에서 자라는 것도 내 선택은 아니다. 내일 지구가 멸망한다 해도 인간이 어쩔 수 없는 영역이다. 실존주의에서는 인간의 힘으로 어찌할 수 없는 부조리한 영역에는 '괄호 치기'를 하라고 말한다. 관심을 끄라는 얘기다. 우리가 아등바등한다고 달라질 게 없기 때문이다.

대신 우리가 '선택'할 수 있는 부분에 집중하라고 말한다. 사르트르는 이런 말도 남겼다.

인생은 B와 D 사이의 C이다.

B(Birth, 탄생)와 D(Death, 죽음)는 내가 선택할 수 없는 부조리한 영역이다. B를 선택할 수 없다는 건 특히 치명적이다. 내가 어떤 외모, 지능, 성격, 질병, 장애를 갖고 태어날지 내가 스스로 선택할 수 없다. 금수저를 들고 태어날까, 흙수저를 들고 태어날까, 그것도 내 선택이 아니다. 다만 우리는 B에서 D로 이르는 과정을 선택(Choice)할 수 있을 뿐이다.

그렇기에 인생에서 중요한 건 결과가 아니라 '과정'이다. 결과만 놓고 보면 인생은 참 허무하다. 원하지 않더라도 누구나 죽을 수밖에 없기 때문이다. 어떤 실존주의 철학자는 이렇게 빗대어 말했다.

인생은 헤어짐이 예정된 연인에게 주어진 사흘의 여행이다.

사흘 뒤에 헤어져야 하는 부조리한 현실은 어쩔 수 없지만 헤어짐에 이르는 과정은 선택할 수 있다. 어떤 이는 운명을 비관해서 사흘 동안 눈물만 흘리다 허무하게 헤어질 수도 있다. 반면 어떤 이는 주어진 사흘 동안 아름다운 추억을 만들기 위해 최선을 다해 사랑할 수도 있다. 이별이라는 결과는 같지만, 그에 이르는 과정은 하늘과 땅만큼 다르다. 이별에 이르는 과정에서 우리가 어떤 선택을 하느냐? 그게 바로 나의 삶이다.

이런 인식이 있기에 내일 지구가 멸망하는 부조리한 현실 앞에서도 오늘 배짱 두둑하게 사과나무 한 그루를 심겠노라고 큰소리칠 수 있다. 지구가 멸망하는 건 어쩔 수 없다. 내 선택이 아니다. 발버둥 쳐도 어찌할 수 없는 부조리한 영역이다. 다만 그날을 어떻게 맞이할 것인가? 그건 내가 선택할 수 있다. 그 선택이 바로 나다.

2019년에는 작품을 읽을 때마다 등장인물이 어떤 부조리에 직면했으며, 그 상황에서 어떤 선택을 했는지 집중해서 보도록 했다. 더 나아가 그런 삶의 태도는 아름다운지, 그런 등장인물을 창조한 작가의 태도는 어떤지 함께 생각해 보았다.

삶의 괴로움에서 벗어나는 법

나는 왜 이 모양 이 꼴로 태어났나?

가만 보면, 사람들은 주로 자기가 선택할 수 없는 그 무엇 때문에 괴로워한다. 내가 선택할 수 없는 걸 비교하는 마음에서 괴로움은 싹튼다. 선택할 수 없는 그 무엇이 괴로워 정작 자신이 선택할 수 있는 영역까지 포기해 버리기도 한다.

금수저로 태어났다고 다 행복한 건 아니다. 흙수저로 태어났다고 모두 불행한 것도 아니다. 그렇게 태어나서 내가 어떤 선택을 하느냐? 그게 내 삶이고, 그게 행복의 열쇠다. 내게 주어진 숟가락을 인정해야 한다. '있는 그대로' 받아들여야 한다. 그리고 그 숟가락을 들고 자신이 걸을 수 있는 최선의 길을 선택해야 한다. 그게 실존주의 철학의 가르침이다.

송곳을 다루는 법

시 쓰기에 가장 필요한 능력 가운데 하나는 '용기'다. 시에 자기 삶을 담아야 하기 때문이다. 누구나 마음에 빗장 하나쯤은 있는데, 이 빗장을 벗겨 낼 용기가 있어야 한다. 해마다 수업 첫 시간에 내가 살아온 부끄러운 삶을 아이들 앞에서 터놓고, 그게 내 삶에 어떻게 힘이 되었는지를 말해 준다. 그런 다음 필통에서 송곳을 꺼내서 보여 주며 이렇게 얘기한다.

이건 송곳이 아니에요. 뭘까요? 상상해 보세요. 이건 부끄러움이요, 상처입니다. 부끄러움과 상처는 송곳과 같아서 숨기면 숨길수록 가슴을 더 파고들어요. 하지만 이걸 꺼내 놓으면 얘가 더 이상 나를 찌르지 못해요. 더 나아가 이걸 글로 쓴다면 다른 사람의 가슴을 쿡 찌르는, 감동을 주는 힘이 될 수도 있어요.

송곳이 없는 사람은 없어요. 그런데 그걸 다루는 태도는 사람마다 달라요. 어떤 사람은 가슴속에 송곳을 꽂고 줄곧 아파하기도 하고, 어떤 사람은 그걸 드러내고 털어 버리기도 하고, 또 누군가는 그걸 글로 써서 성장의 발판으로 삼기도 해요. 송곳은 여러분을 망가뜨리지 못해요. 송곳을 대하는 태도가 여러분을 망가뜨릴 수도 있고, 반대로 여러분을 성장하게 할 수도 있어요. 송곳은 여러분이 아니에요. 송곳을 다루는 태도가 여러분이에요. 송곳이 여러분의 삶에서 걸림돌이 되느냐 디딤돌이 되느냐, 그건 여러분의 선택에 달렸어요. 배움과 성장에는 용기가 필요해요.

부끄러움과 상처는 내가 어찌할 수 없는 부조리한 영역일 가능성이 크다. 가난한 살림살이, 장애 또는 아픔, 부모님으로부터 물려받은 외모나 성격, 가족끼리의 다툼, 어쩌다 겪게 된 사고… 무엇 하나도 내가 마음대로 고를 수 있는 게 없다. 내가 한 말과 행동이라 하더라도 크게 다르지 않다. 그걸 안 했으면 좋았겠지만, 이미 했다면 돌이킬 수 없기 때문이다.

내가 선택할 수 없는 몫이라면 거기에 괄호를 쳐야 한다. 부끄러움과 상처를 '있는 그대로' 받아들이고 훌훌 털어 버리는 데는 글쓰기가 특효약이다. "시를 쓰면서 여러분 마음 깊숙하게 박혀 있던 송곳 하나씩 뽑아 보세요"라고 용기를 북돋워야 한다.

구마(驅魔) 의식을 소재로 한 영화를 본 일이 있다. 구마의 핵심은 마귀가 스스로 제 이름을 실토케 하는 것이다. 이름을 밝힌 마귀는 더 이상 마귀가 아니다. 깃들어 있던 몸을 빠져나오게 된다. 송곳을 뽑는 방법도 같다. 저 깊이 자리 잡은 부끄러움과 상처를 직면할 때, 그 이름을 부를 때 구마는 완성된다.

하지만 이런 얘기는 무척 조심스럽다. 드러내고 털어 버릴 수 있을 만한 부끄러움이 있고, 그러기에는 너무 버거운 상처도 있기 때문이다. 아이들에게도 스스로 이겨 내고 버틸 수 있는 만큼만 맞서라고 한다. 자그마한 부끄러움에서 시작해서, 점점 더 큰 상처를 이겨 낼 힘을 기르자고 말한다. 어찌 보면 글을 써서 상처를 치유하는 게 아니라, 상처를 치유할 힘이 생겨서 글을 쏠 수 있는 게 아닌가 싶기도 하다.

우산 없이 비를 맞는 마음

앞서 실존주의 핵심 개념 셋과 마음속 송곳을 다루는 방법을 얘기했다. 정리하면 이렇다.

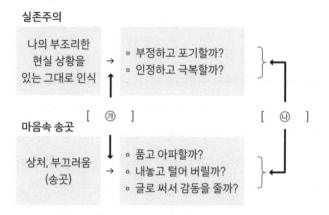

㉮에 어울리는 낱말은 '용기'이고 ㉯에 들어갈 단어는 '선택'이다. 자신의 부조리한 현실을 있는 그대로 받아들이고 극복하는 힘도, 마음속 송곳을 뽑고 상처를 치유하는 힘도 '용기'에서 비롯된다. 자기 경험을 시로 쓰는 일에도 용기가 필요하다.

그런데 용기는 무턱대고 저절로 생겨나지 않는다. 학생들에게 "용감하게 맞서라!" 외쳐도 소용없다. 학생들이 용기낼 수 있도록 장치를 마련해야 한다.

옛날 삼한에는 '소도'라는 특별한 장소가 있었다고 한다.

아무나 침범할 수 없는 신성한 곳이라서 설령 죄인이 그곳으로 도망가더라도 군사를 보내 잡아들일 수 없었다. 도피처였던 셈이다. 소도 앞에는 솟대를 세웠다.

시를 쓸 때 학생들에게도 솟대가 필요하다. 마음의 도피처가 있어야 안전하게 자기 경험을 고백할 수 있다는 뜻이다. 어떻게 해야 할까? 두 가지 방법이 있다.

첫째, 이건 앞에서 이미 다 얘기했지만 간단히 다시 정리한다. 사소한 경험에서 오히려 더 멋진 시가 나올 수 있다고 안심시키는 것이다. 학생들은 '이게 시가 되겠어?'라고 생각해서 소중한 경험을 묻어 버리곤 한다. 그럴 때 교사가 한두 번 시범을 보이면 좋다. 앞에서 소개한 하로의 '돈나무'나 진이의 '쌀국수'가 그런 역할을 했다. 하로와 진이는 "이건 시가 안 될 텐데…" 하며 쭈뼛쭈뼛 종이를 내밀었다. 나는 그걸 보면서 먼저 폭풍 칭찬을 하고, 그걸 어떻게 살짝 다듬으면 멋진 시가 되는지 보여 주었다. 쌀국수로도 저렇게 크게 칭찬받는 시를 쓸 수 있다는 건 다른 아이들에게 큰 용기를 주었다.

둘째, 사실 그대로 쓰지 않아도 된다고 피난처를 제공했다. 효원이 시를 보자.

소나기 김효원

친구와 싸운 날
혼자
방에 있었다

투둑투둑

비로 내게 말을 거는 여름
혼자 있는 나를 부른다
잠갔던 문을 열고
옥상으로 올라갔다

아무것도 막아주는 것 없이
비를 맞고 있으면
마음속 응어리들은
다 씻겨 내려간다

비는 계속 내렸지만
구름은 갰다

여름 밖으로 나온 지금
너무 많이 씻겨 내려가서

이미 다 씻겨 내려가서
무슨 문제였는지 기억하지 못한다
'뭐였지?'

그때 나를 토닥이던
빗줄기의 감각만
남아있다

효원이는 2학년 전체에서 가장 모범적인 학생 가운데 하나
다. 친구들은 물론 선생님들한테서 넘치는 사랑과 기대를
받고 있다. 그런 아이가 누군가와 다퉜던 경험을 고백하기
는 쉽지 않았을 것 같다.

그런데 효원이가 처음 제출했던 시의 첫 줄은 '부모님께
혼난 날'이었다. 그러다 마지막 단계에서 "친구로 바꾸면 안
되나요?"라고 물어 왔다.

얼마든지 바꿔도 돼. 그게 부모님이면 어떻고 친구면
어떠니? 네가 시에서도 그렇게 말했잖아. 무슨 문제였
는지는 기억나지 않는다고…. 그게 중요한 게 아니야.
다만 그때 비를 맞던 너의 감각, 너의 감정, 그게 이 시
의 진실이야. 그 진실이, 너의 진심이 전달될 수만 있

다면 구체적인 사실은 살짝 바꿔도 괜찮아.

어차피 문학은 '허구'를 전제로 한다. 자전적 소설이라도 사실을 있는 그대로 쓰지는 않는다. 구체적인 사실이 중요한 게 아니라 그때의 상황과 감정, 다시 말해 사건의 진실을 전달하는 게 더 중요하기 때문이다.

효원이는 그날 아무도 없는 옥상에서 우산도 없이 비를 맞으며 마음속 응어리를 씻어 내렸다. 그날 빗줄기가 효원이의 등을 토닥이던 그 감각은 효원이의 삶에 문신처럼 각인되어 남을 것이다. 앞으로 또 다른 마음의 응어리가 생길 때면 그날의 그 감각을 떠올리며 응어리에 당당히 맞설 용기를 낼 수 있지 않을까? 그게 이 시의 진실이고, 그것만이 중요하다.

서진이도 실제로 있었던 사실을 살짝 비틀어서 진실을 획득했다. 서진이는 평소 남들에게 베푸는 걸 좋아한다. 집에서 과자를 몸소 구워 와서 친구나 선생님들과 나누곤 한다. 학년 초에는 누가 따로 시키지 않았는데도 교실 구석구석을 예쁘게 꾸미기도 했다.

친구들 얘기를 잘 들어 주는 편이라 고민 상담하러 찾아오는 친구도 많다. 서진이가 시에서 쓴 경험도 그때 들은 얘기다. 서진이 본인 얘기가 아니라 친구 얘기였던 셈이다.

서진이도 처음에는 시의 앞부분에서 그 사실을 밝혔다. 그런데 친구가 겪은 얘기를 소개하는 방식으로 시를 시작하니 아무래도 맥이 빠졌다. 이렇게 고쳐 보고 저렇게 고쳐 보아도 신통치 않았다. 고민에 고민을 거듭하다 서진이가 마지막으로 이렇게 고쳐 왔다.

마음 전달 윤서진

내 곁에 그 아이가 있었다
다정히 내 곁을 지키던 그 아이

비가 내리던 날
없던 우산이 생겼다
다음 날 그 아이는 비를 맞아
감기에 걸린 채 등교했다

미술 시간에
없던 크레파스가 생겼다
그날 그 아이는 준비물을 못 챙겨
선생님께 혼이 났다

나와 마주친 눈동자는
흐린 날에도 선명히 보이는 별처럼 빛났다
내 이름을 불러주던 목소리는
시끄러운 공사장 속에서도 확성기처럼 들렸다

누군가 그 아이에게 묻는다
"왜 고백 안 해?"
"친구로 남을래."

발걸음이 멈췄다
가슴이 답답했다
눈가가 촉촉해졌다

이런 일은 서진이 친구에게도, 서진이에게도, 다른 누구에게라도 일어날 수 있는 일이다. 주인공이 누구냐? 그건 중요치 않다. 좋아하는 아이를 위해 우산 없이 선뜻 비를 맞고, 크레파스를 양보하고 대신 혼이 나는 애틋함. 그러면서도 서로에게 마음을 제대로 전달하지 못해서 어긋날 수밖에 없었던 안타까움. 그게 이 시의 진실일 테니까.

사실이 아니라 진실이 중요합니다. 진실을 더 잘 드러

내기 위해서 사실은 살짝 비틀어도 됩니다.

이렇게 솟대 하나 세워서 아이들에게 '마음의 피난처'를 만들어 주면 아이들은 조금 더 편하게 자신을 드러낸다.

그러니 시를 읽을 때도 한 발짝 뒤로 물러나서 보기를 권한다. 지엽적인 '사실' 하나하나에 집착하지 말고, 그 이야기를 통해 전하고 싶었던 '진실'이 무엇인지 귀 기울이면 좋겠다. 이 책에 실린 우리 아이들의 시 50편도 그렇게 읽어 주기를 바란다.

젖지 않는 우산 정지원

너희는 내게
우산 같은 존재였어
내가 가방 문을 열고 다니면 닫아주곤 했지

너희는 내게 날씨를 심어주었어
기쁠 때나 슬플 때 모두
너희와 함께 나누었지

하지만 날씨는 일정치 않아

너희끼리 다니는 게
너희끼리 얘기하는 게
내 마음에 비를 내리게 해

그래도 너희는 내게
우산 같은 존재야
비가 내릴 때 말없이
너희의 한쪽 어깨를 적시며
비가 그칠 때까지 우산을 씌워주었지
춥지 않았지

날씨처럼 변했던 건
너희가 아니라
내 마음

한때 내 마음에 내렸던 비를
너희가 몰랐기를

지원이는 오락가락했던 자기 마음을 숨김없이 속속들이 드
러냈다. 이런 일을 고백하는 게 쉽지 않았을 텐데, 지원이의
용기에 큰 박수를 보낸다.

지원이는 친구들이 자기만 따돌린다고 생각해서 마음에 비가 내렸다. 하지만 그건 오해였다. 그럴 때조차도 친구들은 "한쪽 어깨를 적시며/ 비가 그칠 때까지 우산을 씌워주었"다는 걸 뒤늦게 깨달았다. 그러면서 잠시나마 친구들을 오해하고 서운해했던 자신의 옹졸한 마음을 친구들이 몰랐으면 좋겠다고 바란다.

지원이는 시를 쓰면서 그때의 일을 반성할 수 있어서 의미가 있었다고 했다. 그 친구들과 지금은 어떻게 지내냐고 물었더니 이렇게 답했다.

서로를 이해하며 안 싸우고 잘 지내고 있어요! 친하게 지내면서 서로가 성장할 수 있도록 서로에게 도움을 주는 것 같아요. 지금도 같이 파스타를 먹으러 가는 길이에요.

지원이가 친구들을 오해했던 사건은 2학년 초반에 일어났고, 이 시를 쓴 건 2학년 1학기였다. 거의 실시간이었던 셈이다. 지원이가 오해를 풀고 친구들과 더 단단해지는 과정에 시 쓰기도 한몫하지 않았을까 기대해 본다.

효원이, 서진이, 지원이는 모두 친구를 글감으로 시를 썼고, 그 시에는 모두 우산과 비가 등장한다. 서로 다른 반이라 영향을 받지도 않았을 텐데 참으로 묘한 우연의 일치다.

가족이라는 이름으로

세희는 중학생답지 않게 철학을 사랑하고 어려운 책도 곧
잘 읽는 아이다. 가끔 자기가 읽는 한문 문장을 갖고 와서
같이 얘기하자고 붙잡는 바람에 국어 교사인 나를 당황스
럽게 만들기도 한다. 평소에 시도 틈틈이 쓴다고 자랑하는
얘기를 들었다. 그렇게 독서의 폭과 생각의 깊이가 남달라
서 그런지 이 시에도 무척 깊은 성찰이 담겨 있다.

과부하 기세희

미운오리였던 초등학생 때
많이 혼났다
이유는 주로 공부

혼내시며 항상 하시는 말씀
"나처럼 살고 싶어?"
그럴 때마다 속으로
'자기도 혼났으면서…'

초등학교 졸업하고
중학교 1학년 여름방학
새끼 고양이 하나 들여놓고
술 한잔 드시며 하시는 말씀

혼나면서, 맞으면서 사랑받아서
그게 사랑인 줄 알았어
조금이라도 편하게 살라고
그렇게 했어
미안하다

아! 나는 사랑을,
사랑을, 받고 있었구나
그때 그분들의 넘치는 사랑은
너무 어렸고 너무 몰라서
서로에게
과부하였다

세희 시를 읽고 한동안 가슴이 먹먹했다. 아버지 생각이 났
기 때문이다. 나도 어릴 때 아버지를 무척 무서워했다. 엄하
고 보수적인 분이셨기 때문이다. 경상도라는 지역 분위기

탓이려니 생각했는데, 내가 두 아이의 아빠가 되고 나서야 아버지를 이해하게 되었다.

첫째 할머니는 아버지만 낳고 젊은 나이에 돌아가셨다. 둘째 할머니가 삼촌 세 분과 고모 두 분을 낳으셨다. 가난한 살림에 식구들이 많았으니, 아버지에게 돌아올 사랑은 충분치 않았다. 초등학교만 겨우 졸업한 아버지는 농사를 거들다 결혼하고 쫓기듯 분가하셨다. 나를 포함해서 네 남매를 낳으셨는데, 봄이면 보릿고개로 사람들이 죽어 나가던 시절이라 여섯 식구의 목숨을 부지하는 것만으로도 힘겨운 삶을 사셨다.

어느 날, 네 남매가 무슨 얘기를 하던 중에 큰누나가 이렇게 말했다.

우리 식구 가운데 우리 아버지가 제일 불쌍해. 아버지한테는 엄마가 없잖아. 엄마 사랑을 못 받고 자랐잖아.

독일의 철학자 에리히 프롬은 《사랑의 기술》이라는 책에서 사랑도 배우고 가다듬어야 할 '기술'이라고 주장했다. 앞에서 아름다움은 대상이 아니라 태도의 문제라고 했는데, 사랑도 마찬가지다. 멋진 사람이 나타나면 멋진 사랑을 할 수 있을까? 아니다. 그런 사랑은 수동적이고 제한적이다. 사랑의 핵심은 '누구를'이 아니라 '어떻게'이다. 그래서 사랑은 기술이다.

아버지는 그걸 배우지 못하셨다. 제대로 사랑받지 못하셨으니, 사랑의 기술을 배울 수 없었던 셈이다. 그런 까닭에 우리를 충분히 사랑해 주지도 못하셨다. 분명히 말하지만, 그건 아버지 잘못이 아니다.

나는 그걸 아이 둘을 낳아 키우면서 비로소 깨달았는데 세희는 중학교 2학년인데 벌써 그걸 알아차렸다. 그리고 용기 내서 시로 썼다. 세희가 용기 내서 쓴 시를 보고 세희 부모님은 어떤 반응을 보이셨을까?

어렸을 때부터 시를 계속 써 왔는데 그때마다 부모님이 보시고 잘했다고 웃어 주거나 칭찬해 주셨어요. 이번에 쓴 시도 아버지께 카톡으로 보내 드렸는데 "헐 대박"이라고, 이제까지 보지 못한 재미있는 반응을 보여 주셨습니다.

세희가 어린 나이에 이걸 깨닫고, 또 용기 내서 그걸 시로 쓸 수 있었던 까닭이 뭘까? 아버지가 먼저 용기 내셨기 때문이 아닐까? 중학교 1학년이라면 세희가 이 시를 쓰기 1년 전이었다. 새끼 고양이 하나 들여놓고 술 한잔 드시면서 아버지께서 말씀하신다. 그게 사랑인 줄 알았다고, 미안하다고.

세희의 깨달음과 용기 앞에는 먼저 아버지의 깨달음과 용기가 있었다. 사랑이 배워야 할 기술이듯이, 용기도 그렇다. 세희는 아버지 덕분에 그걸 배울 수 있었다. 사랑도 전염되고 용기도 전염된다.

나현이는 늘 환하게 웃는 미소가 매력적인 아이다. 예의 바르고 활동적이라 친구들 사이에 인기도 많다. 나현이도 부모님 얘기를 시로 썼다.

선인장 이나현

내가 어렸을 적
부모님은 싸우셨다

나는 그럴 때마다
떨렸다
무서웠다
원망했다

시간이 지나고 깨달았다
부모님께서 싸우셨던 이유가
선인장 가시 같은 것이 아니었을까?

사막에서 살아남으려는
치열한 몸부림처럼

요즘에는 사막 같던 땅에도
윤기가 돌아
선인장에 꽃도 피고

가시가 펴져
잎이 되었다

이 시를 읽고 나희덕 시인의 '내 유년의 울타리는 탱자나무
였다'라는 수필이 떠올랐다. 이런 구절이 나온다.

얼마 후에 아버지는 내게 가르쳐 주셨다. …아름다운
꽃과 열매를 지키기 위해 그런 나무들에는 가시가 있
는 거라고. …이렇게 살아 있는 생명에게는 자기를 지
킬 수 있는 힘이 하나씩 주어져 있다고.

나현이도 이제는 안다. 부모님이 서로 싸울 수밖에 없었던 이유를. 척박한 사막에서 살아남기 위한 치열한 몸부림이었다는 것을. 그러면서도 그런 부모님을 보면서 나현이는 안쓰럽다. 나희덕 시인의 수필은 이렇게 이어진다.

> 그러던 어느 날 탱자 꽃잎을 보다가 스스로의 가시에 찔린 흔적을 발견하게 되었다. 바람에 흔들리다가 제 가시에 쓸렸으리라. 스스로를 지키기 위해 주어진 가시가 때로는 스스로를 찌르기도 한다는 사실에 나는 알 수 없는 슬픔을 느꼈다.

나현이가 느꼈을 감정이 이와 비슷하지 않았을까? 부모님은 꽃과 열매를 지키기 위해 가시를 키울 수밖에 없었고, 그러면서 서로 그 가시에 찔려 아파하셨다는 것을 이제는 이해한다. 두 분의 헌신적인 노력 덕분이었을까? 사막 같던 땅에도 이제는 윤기가 돌고, 그래서 날카롭던 가시도 많이 펴졌다고 한다.

실존주의 철학에서는 주어진 상황이 아니라, 그 상황에서 어떤 길을 선택하느냐? 그걸 중요하게 생각한다고 했다. 나현이 부모님이 사막 같은 현실에 놓인 것은 두 분의 선택이 아니었을 것이다. 두 분의 선택이 아니니 그건 두 분의 잘못이 아니다. 그러한 삭막한 삶의 현장에서 아름다운 꽃과 열매를 지키기 위해 가시를 돋고 때로는 찔려 가면서 치열하게 살아오신 뜨거운 삶의 과정, 그게 바로 두 분의 선택이요, 두 분의 삶이다. 그게 진실이다.

은서는 참 반듯한 아이다. 수업 때 눈빛이 얼마나 초롱초롱한지. 과제도 언제나 충실하게 하고, 다른 친구들 공부도 흔쾌히 도와준다. 곁에 힘든 일을 겪는 친구가 있으면 따뜻하게 말도 걸어 준다.

　은서는 엄마의 꿈을 노래했다. 노은이의 "꿈"도 그렇고, 은서 "엄마의 꿈"도 그렇고, 꿈이란 단어가 이렇게 슬픈지 아이들 시를 읽으며 새삼 느끼게 되었다.

엄마의 꿈 장은서

거실로 들어오는 따스한 햇빛
주말 아침
엄마와 얘기를 나눈다

엄마가 어젯밤에 꾼 꿈에
할아버지가 나와서

베트남으로 돌아오라고 했단다

'한국에 무슨 일 있는 거 아니냐?'
할아버지가 걱정해서
꿈에까지 나오셨나?
엄마가 웃으시며 말했다

결혼해서 한국 올 때
축하해 축하해
친척들 인사 속에서
엄마는 꾸었구나
자신이 우는 꿈을

엄마는 품었구나
익숙한 고향에서
안기는 꿈을

은서 어머니는 베트남에서 오셨다. 웬만한 아이들은 굳이
그걸 드러내려고 하지 않을 텐데, 은서는 그렇지 않다. 은서
가 엄마를 얼마나 사랑하는지, 얼마나 애틋하게 생각하는
지 잘 느껴졌다. 아름다움은 대상이 아니라 태도의 문제라

고 했는데, 은서가 엄마를 대하는 태도야말로 정말 아름답
고 멋지다는 생각이 들었다. 은서는 학교에서만 훌륭한 게
아니었다.

어린 시절 제 주변에 다들 너무나도 좋은 사람들만 있
어서 다문화 가정이라고 해서 부당한 대우를 받은 적
도, 저를 보는 시선이 달라진 것을 의식해 본 적도 없
었습니다. 저도 많고 많은 이야기 가운데 하필 엄마와
의 대화를 쓰고 싶었던 이유가 뭘까 생각해 봤습니다.
지금까지 엄마에게 많이 잘해 주지 못한 것 같아서 미
안하고 후회되는 마음에 엄마 얘기를 쓴 게 아닌가 싶
습니다.

한편으로는 이런 생각도 들었다. 은서가 엄마를 대하는 아
름다운 태도는 어디에서 왔을까? 먼저 은서 어머니가 그런
태도를 몸소 보여 주신 건 아닐까? 은서 어머니가 은서에게
쏟은 사랑이 은서의 멋진 시로 돌아온 건 아닐까?

나도 남에게는 남인데

민재는 늘 친구를 먼저 배려하는 멋진 아인데, 특히 같은 학
급의 도움반(특수학급) 친구를 어찌나 잘 챙기는지 선생님

들의 신망이 무척 두텁다. 그런데 알고 보니 민재에게는 그게 말하지 못할 아픔이었나 보다. 시 쓰기 활동에서 처음으로 엿보게 된 민재의 속마음은 이랬다.

게임의 이유 김민재

동생이 심심해할까 봐
같이 게임을 했다
그러다 문득 느꼈다

난 왜 이걸 하고 있지?
조르지도 않았는데…
나 게임 싫어하는데…

생각해보니 난 언제나
그런 사람이었다
남을 더 중시하는 사람
남의 행복에 더
신경 쓰는 사람

나도

남에게는
남인데

민재는 시를 쓰면서 자신을 찬찬히 들여다보았다. 그 결과
자신이 왜 그렇게 행동했는지 알아낼 수 있었고, 그런 성격
을 고치겠다고 마음먹었다고 한다.

저는 사촌까지 모두 포함해서 가족 중에 맏이라서 그
런지 어렸을 때부터 동생들 잘 챙기고 언니답게 행동
하라는 말을 많이 들었어요.
시간이 지나고 동생이 말을 잘하게 될 때쯤 제게만 쏠
려 있던 관심이 점점 동생에게 흘러가는 것을 보며 저
는 제가 동생이랑 잘 지내지 않아서 부모님이 절 안 좋
아하시는 줄 알았어요. 혼자가 되는 게 두려워서 더 남
에게 양보하고 배려하려 했던 것 같아요. 말도 더 많이
하고 도움도 더 주려고 했어요. 제가 주변 사람들과 잘
지내니 다시 제게 관심이 돌아온다고 느꼈죠. 그러다
보니 점점 더 그런 성격이 된 것 같아요.
그렇게 지내다 어느덧 정신을 차려 보니 친구들과 주
변 사람들의 부탁으로 쉬지도 못하고 밤까지 허덕이
고 있는 저를 발견했어요. 그걸 깨닫고는 제 성격을 바

꾸겠다고 다짐했어요.

시를 쓰기 위해 민재는 용감하게 자신과 대면했고, 가슴속
에 깊이 박힌 송곳의 정체를 알아내고 그걸 쑥— 뽑았다. 더
나아가 그걸 시로 써서 다른 이에게도 큰 감동을 주었다. 이
게 바로 국어 시간에 시를 쓰게 하는 까닭이다.

용장(勇將) 밑에 약졸(弱卒) 없다

시를 쓰는 학생들에게도 용기가 필요하지만, 그건 교사도
마찬가지다. 시 쓰기를 가르치려는 교사에게 가장 큰 걸림
돌은 두려움이다. '내가 잘할 수 있을까?' 하는. 교사에게 필
요한 건 '기술'이 아니라 '용기'다. 비록 서툴지만 한번 부딪
혀 보겠노라는 당찬 마음이 있어야 한다. 처음부터 제대로
할 수 있는 사람은 없다. 처음에는 거칠지만, 덤비고 깨지는
과정에서 속은 단단해지고 겉은 부드러워진다.

이건 송곳 다루기와 비슷하다. 시 쓰기를 가르치려는 교
사에게도 실존적 자아 인식이 필요하다. 민낯이 드러나는
게 두려워 감추기만 한다면 그 자리에서 벗어날 수 없다. 부
족한 내 모습을 인정하고 나아가려고 몸부림치느냐? 부끄
러워서 숨기고 도망치느냐? 그 선택이 바로 나다.

나는 고등학생 때 생물을 좋아하고 잘했다. 생물 선생님

이 생물학과 진학을 권할 정도였다. 나는 그럴 수 없었다. 색약이 너무 심했기 때문이다. 어쩔 수 없이 국어교육과에 진학했다. 지독한 이과 성향이다 보니 문법 수업은 좋았다. 감수성이라곤 눈곱만치도 없었으니 문학 수업은 정말 괴로웠다. 그 가운데서도 시는 절벽이었다. 현대시 강의를 선택했다가 취소하고, 다음 학기에 다시 선택했다가 또 취소했다. 졸업할 때까지 현대시 강좌는 결국 하나도 듣지 못했다.

국어 교사가 되었다. 시를 모르면서 시를 가르치려니 아이들을 속이는 느낌이었다. 그래서 민족예술인총연합회라는 단체에서 운영하는 6개월짜리 '시 창작 과정'을 신청했다. 담임선생님이 도종환 시인이었다. 신춘문예 등단을 꿈꾸는 분들과 어울려 여섯 달을 지냈다. 결국 나는 시를 한 편도 완성하지 못했지만, 그러고 나니 시가 두렵지는 않았다.

국어 교사라고 다 같은 건 아니다. 학창 시절에 작가를 꿈꿀 정도로 감수성 넘치는 분들도 있고, 나 같은 사람도 있다. '그런 국어 교사'가 된 건 내 선택이 아니다. 감수성 풍부한 교사를 부러워해야 소용없다. 인정해야 한다. 문제는 이거다. 그런 국어 교사라서 '어떤 선택'을 할 것인가?

이과 성향이다 보니 수업을 공학적으로 기획하는 일에는 조금 자신이 있다. 그런 장점을 살려서 시 쓰기 수업을 체계적으로 설계하는 편이다. 이 책을 보며 '시 쓰기 책이 왜 이렇게 딱딱해?' 하고 고개를 갸웃거릴 분들이 많을 듯하다. 내가 '그런 교사'라서 그렇다. 교사는 먼저 자신이 무얼 잘하는지, 무얼 어려워하는지 살펴야 한다. 그걸 살려서 가르치면 된다.

시를 쓰려는 학생들에게

셋째, 실로 삶을 건져 올리세요.

시는 문이요 길이지, 그게 최종 목표는 아니에요. 그 문을 열고 길을 걸어 '삶'에 닿아야 해요. 길을 열심히 걷고도 목적지에 도달하지 못하면 얼마나 허무할까요? 그렇게 되지 않으려면 여러분이 펼쳐 낸 실마리의 한끝을 삶에 묶어야 해요. 삶에 맞닿지 않은 시는 쓰나 마나 한 시가 되고 말아요. 시를 쓰는 과정에서 여러분 가슴 깊이 박힌 송곳 하나 꺼내고, 그래서 여러분이 조금 더 편안하고 행복해지면 좋겠어요. 그렇다고 처음부터 너무 무리해서 감당하지도 못한 일을 꺼내지는 마세요. 실이 끊어질 수도 있어요. 먼저 작은 상처 하나 꺼내고, 그걸 견디는 힘을 길러 보세요. 실이 튼튼해지면 조금 더 큰 송곳을 뽑아 보세요. 조급하게 서두르지 마세요. 시 쓰기는 이번이 마지막이 아닐 테니까요.

반어냐? 역설이냐?

시의 표현

2020년, 겹과 결

2018년 '아름다움'이란 주제는 2019년 '실존주의'를 거쳐서, 2020년에 '겹'과 '결'로 이어졌다. 이 주제 역시 하늘에서 툭 떨어진 게 아니고 앞에서부터 흘러온 것이다. 2019년에는 실존주의 관점에서 문학을 봤다고 했는데 작품을 읽을 때마다 이런 질문을 놓고 함께 얘기 나눴다.

1. 그는 어떤 부조리한 상황에 놓였나?
2. 그 상황에서 그는 어떤 선택을 하나?
3. 그 선택으로 삶의 궤적(과정)은 어떻게 변했나?

그 가운데 하나가 황순원 작가의 단편소설 〈너와 나만의 시간〉이었다. 줄거리는 이렇다.

한국전쟁에서 낙오된 주 대위, 현 중위, 김 일등병은 아군을 찾아 힘겹게 이동하는데, 다리에 관통상을 입은 주 대위를 번갈아 업고 가느라 걸음은 더디고 몸은 지친다. 현 중위는 주 대위에게 '포기하시라!' 노골적인 눈빛을 보내지만, 주 대위는 삶의 끈을 놓지 않는다. 함께 가다가 모두 죽게 되리라 염려한 현 중위는 밤에 몰래 도망치다 절벽에서 떨어져 숨을 거둔다. 주 대위와 김 일등병은 다시 발걸음을 옮기는데….

소설을 다 읽고 '관점 바꿔서 다시 쓰기'를 했다. 원래 삼인 칭시점의 소설인데, 소설 가운데 한 장면을 골라서 일인칭 주인공 시점으로 바꿔 쓰는 활동이다. 짓궂은 남학생들 가 운데는 소설에서 잠깐 스치듯 지나간 까마귀나 개를 주인 공으로 내세우기도 했지만 대부분 세 인물 가운데 하나를 골랐다.

재미있었던 건 세 인물 가운데 현 중위를 선택한 아이들 이 유독 훌륭한 작품을 많이 내놓았다는 점이다. 얼핏 읽었 을 때는 대부분 현 중위를 비난했는데 실존주의에 바탕을 둔 세 가지 질문을 던지니 현 중위가 달리 보였기 때문이다. 물론 현 중위가 동료를 버리고 혼자 살겠다고 도망간 행위 는 정당화될 수 없지만, 최소한 그가 왜 그런 선택을 할 수 밖에 없었는지는 이해하게 된 것이다. 그에게 어떤 애인이 있었는지, 그 애인에게서 어떤 편지를 받았으며, 그때 그가 어떤 마음이었는지….

그러면서 이런 얘기도 나눴다.

겉으로 드러난 행동이나 말만으로 그 사람을 쉽사리 단정하고 판단해서는 안 될 것 같아요. 그가 왜 그렇게 할 수밖에 없었는지, 그 '겹'을 들여다봐야 하지 않을까요?

그래서 2020년에는 '겹'과 '결'을 수업의 주제로 삼았다. 삼겹살은 우리나라 사람들이 가장 사랑하는 음식 가운데 하나다. 이게 그렇게 맛있는 이유는 다양한 질감이 조화롭게 겹을 이루고 있기 때문이다. 기름이나 살코기만 붙어 있는 삼겹살이란 생각만 해도 실망스럽다. '겹'은 아름다움이다. 나무의 나이테도, 무지개도, 음악의 화음도 그렇다.

사람도 비슷하다. 첫인상만으로 사람을 평가하기 쉬운데, 누구에게나 '겹'이 있다. 그 겹을 들여다보면 그 사람을 더 잘 이해하게 된다. 더 나아가 그의 아름다움을 발견할 수도 있다. 다른 사람의 겹을 읽어 낼 수 있고, 세상의 겹을 찾아낼 수 있는 사람이 진정으로 아름다운 사람이다. 겹을 찾아내려면 조금 더 느린 속도로, 조금 더 찬찬히 들여다봐야한다. 조금 더딘 호흡으로 사람과 세상을 봐야 한다.

'겹'이 모이면 '결'이 된다. '결'은 '무늬'다. 어떤 흐름이 일정하게 겹을 이루어 쌓여서 무늬를 이루면 그걸 '결'이라고한다. 살결, 머릿결, 바람결, 나뭇결, 비단결, 숨결…. 뭔가 부드럽고 포근한 느낌이다. 사람에게도 결이 있다. 어떤 행동과 말을 계속 반복하면 그게 그 사람의 결, 다시 말해 성품이 된다.

문학(文學)에서 '文(문)'은 '무늬 문'이다. 그런 맥락에서 문학은 말과 글을 통해 사람과 세상의 무늬와 결을 탐구하려는 예술이다. 그렇기에 문학에서 가장 중요하게 생각하는 것이 사람과 세상의 겹과 결이다. 문학에서 그걸 찾고, 더 나아가 학생들이 일상에서 만나는 사람들한테서도 겹과 결을 찾을 수 있기를 바랐다.

반어냐? 역설이냐?

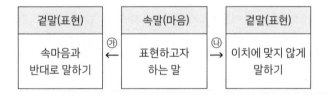

문학에서 겹, 결과 잘 어울리는 개념은 반어, 역설이다. ㉮에서는 진짜로 하고 싶은 속말(마음)과 반대로 표현했으니 반어이고, ㉯에서는 하고 싶은 말을 이치에 맞지 않게 비틀어 표현했으니 역설이다. 얼핏 보면 간단해 보이지만 실제 작품에서 구별하는 건 쉽지 않다. 그러다 보니 국어 교사 3,000명이 모인 대화방에 가장 자주 올라오는 질문 가운데 하나는 이거다.

이 구절은 반어인가요? 역설인가요?

이런 질문을 만나면 좀 답답하다. 맥락을 제거하고 한 구절만 떼서 반어인지 역설인지 따지는 게 무의미하기 때문이다. 가장 흔히 인용하는 예를 생각해 보자.

집에서 친구와 장난을 심하게 치다가 비싼 도자기를 깼다. 엄마가 달려 나오더니 말씀하셨다. "잘했다! 잘했어!"

엄마의 말은 반어일까, 역설일까? 대부분 '반어'의 대표적인 예시로 가르치지만, 그렇게 단순한 문제가 아니다.

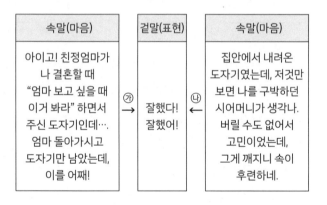

㉮에서는 반어가 맞지만 ㉯와 같은 상황이라면 반어가 아

니라 역설 표현이다. 도자기를 깼는데 칭찬하는 건 이치에 맞지 않지만, 상황을 듣고 나면 엄마 마음이 이해되기 때문이다. 그러니 겉으로 드러난 "잘했다! 잘했어!"라는 말만 보고 판단해서는 안 된다. 엄마가 친정어머니를 얼마나 애틋하게 그리워하는지, 시집 식구들의 구박으로 얼마나 서러웠는지, 그 '겹'과 '결'을 온전히 이해해야 한다. 말하는 이의 상황, 정서, 태도를 두루 살펴야 한다.

시를 읽을 때도 마찬가지다. 그 구절이 반어인지 역설인지 묻기 전에 이렇게 질문해야 한다.

1. 화자는 지금 어떤 상황인가?
2. 그 상황에서 화자의 정서와 태도가 어떤가?
3. 그걸 어떻게 표현했나?
4. 그렇게 표현하는 건 어떤 효과가 있나?

속말(마음)		겉말(표현)		속말(마음)
임이 떠난다고 생각하니 너무나 슬퍼. 임이 떠나면 나는 분명 눈물을 펑펑 흘릴 거야.	㉮ →	죽어도 아니 눈물 흘리우리다.	㉯ ←	임이 나를 떠나지만 이게 마지막은 아닐 거야. 다시 만날 거라는 희망으로 눈물을 참는 거야.

잘 알려진 김소월 시인의 '진달래꽃' 마지막 구절도 그렇다. ㉮에서는 속마음과 반대로 표현했으므로 반어가 맞다. 그런데 화자의 정서와 태도가 ㉯와 같다면? 화자는 실제로도 울지 않을 것이라서 울지 않겠다고 표현했다. 그러면 반어가 아니다. 그와 비슷한 구절을 한용운 시인의 시에서도 확인할 수 있다.

> 그러나, 이별을 쓸데없는 눈물의 원천을 만들고 마는 것은 스스로 사랑을 깨치는 것인 줄 아는 까닭에, 걷잡을 수 없는 슬픔의 힘을 옮겨서 새 희망의 정수박이에 들어부었습니다.
>
> -한용운, '님의 침묵' 중에서

"이별을 쓸데없는 눈물의 원천으로 만"든다는 표현은 이별했다고 해서 쓸데없이 눈물만 펑펑 흘린다는 뜻이다. 그런 행동은 스스로 임에 대한 사랑과 믿음을 깨뜨리는 일인 줄 안다. 그래서 화자는 더 이상 슬퍼하거나 눈물 흘리지 않겠다고 다짐한다. 실제로는 눈물 흘리면서도 겉으로만 반대로 말하는 게 아니라, 진짜로 눈물을 참고 희망에 불을 지피는 것이다.

반어와 역설로 시를 쓰라고요?

다시, 2023학년도에 중학교 2학년 아이들이 쓴 시를 보자. 마침 국어과 교육과정에서는 중학교 2학년에서 반어와 역설을 가르치도록 정해 두었다. 그래서 아이들이 시를 쓸 때는 반어 또는 역설 표현을 활용하도록 했다. 2023년의 수업 주제를 '내 인생의 오해'라고 정한 것도 그게 반어, 역설과 관련이 있기 때문이다. 그런 큰 그림이 있었다.

아이들은 그냥 시를 쓰는 일도 어려운데 반어, 역설까지 넣으란다며 투덜댔다. 하지만 제법 그럴듯한 작품을 완성했다.

화이트스토커 이현서

나는 화이트스토커

내가 좋아하는 사회 선생님
핸드폰에 사진까지 붙여가며
열심히 덕질했다네
인사도 안 받아주시는
무뚝뚝한 사회 선생님

그분 눈에 들려고
내가 세운 작전
항상 밝게 웃으며 인사하기
사회 수업 열심히 듣기
그래도 봐주지 않으시네

나는 화이트스토커
행복한 화이트스토커

현서는 언제나 유쾌하고 명랑한 아이다. 친구들뿐만 아니라 선생님들한테도 싹싹하고 예의 바르다. 고음으로 밝게 인사하는 목소리를 들으면 복도가 환해지는 느낌이 든다. 현서는 사회 선생님에게 특별히 깍듯했는데 시를 읽어 보니 다 이유가 있었다.

현서의 시에는 역설적 표현이 두 번 나온다. 하나는 '화이트스토커'다. 해커에도 화이트해커가 있듯이, 현서가 사회 선생님을 따라다니긴 하지만 그게 서로에게 긍정적인 영향을 미친다는 걸 이렇게 멋지게 표현했다.

두 번째는 마지막 구절 '행복한 화이트스토커'이다. 이건 좀 생각할 여지가 있다. ㉮라고 본다면 반어일 텐데, ㉯라고 본다면 역설적 표현이 되기 때문이다.

속말(마음)	겉말(표현)	속말(마음)
선생님 눈에 들려고 이렇게 애를 쓰는데, 내 마음을 몰라주시니 너무 속상해.	㉮ → 행복한 화이트 스토커	㉯ ← 내 마음을 몰라주셔도 좋아. 이렇게 선생님을 좋아할 수 있으니, 그것만으로도 행복해.

황동규 시인은 이루어질 수 없는 안타까운 짝사랑을 노래하면서도 시의 제목을 '즐거운 편지'라고 붙였다. 황동규 시인의 마음이 현서의 마음이었을까?

정말, 고마워!

반어와 역설 표현을 넣어서 시를 쓰는 일은 만만치 않다. 그러다 보니 그런 표현을 넣는 것에만 급급한 아이들도 꽤 있다. 내용과 어울리지 않는 어정쩡한 표현 때문에 오히려 시가 망가지기도 한다. 왜 그런 표현을 썼는지, 그렇게 표현하니 뭐가 더 좋아졌는지 물어야 한다.

먼저 반어 표현이 들어간 시를 보자.

풍선 김서연

바람이 없던 나에게

바람을 넣어주었다
고마운 아이가

고마운 아이는
바람을 계속 넣어주었다
나는 조금 힘들어졌다

고맙던 아이는
바늘로 콕 찌른다

나는 버티지 못하고
펑—
터져버렸다

그렇게 나의
첫사랑은 끝났다
고맙게도

처음에 서연이는 '분노'를 담아서 초안을 작성했다. 죽이느
니 살리느니 표현이 몹시 거칠었다. 수업 시간에 그걸 읽어
주니 같은 반 친구들이 까무러칠 듯이 웃었다. 나는 가타부

타 평가하지 않았다. 얼마나 속이 상했으면 그랬을까 싶은
생각이 들었기 때문이다.

그러다가 시의 표현을 다듬을 시간이 되었다. "반어 또는
역설 표현을 활용해 봐"라고 했더니 서연이가 골똘히 생각
에 잠겼다. 그러더니 시를 이렇게 '확!' 바꿔 왔다. 반어로 표
현하려니 '고마운 아이'가 될 수밖에 없었고, 그렇게 표현하
고 보니 시의 내용이 전반적으로 부드러워졌다.

목소리가 크다고 그 말에 힘이 실리는 건 아니다. 오해다.
낮고 부드러운 말투에 훨씬 더 무게가 실리기도 한다. 서연
이 시가 그랬다. 그래서 반어적으로 표현하는 것이다.

그 녀석 이지우

어디 갔지?
아무리 기다려도 나오지 않던
그 녀석

보이지 않아 다시 누우면 윙윙거리던
그 녀석

내 소중한 잠을 수없이 방해하던

그 녀석

나의 손과 발을 물어 간지럽고 아프게 했던
그 녀석

야심한 밤에 내가 심심할까 봐
한바탕 놀아줘서 너무 고마웠던
그 녀석

끝이 보이지 않던 숨바꼭질의 끝이
드디어
보였다

왜냐?
이제 학교 갈 시간

지우도 고마운 "그 녀석"을 시로 노래했다. 그런데 그건 사
람이 아니다. 지우는 모기 때문에 한숨도 못 잤다. 얼마나
약이 올랐을까? 그런데도 그걸 몹시 점잖게 표현했다. 반어
덕분이다.
　지우는 어떻게 이런 시를 쓸 수 있었을까?

독자들에게 시의 내용을 잘 전달하기 위해 한 장면만 고르라고 하셨는데 그게 어려웠어요. 이 장면을 쓰자니 표현하기가 힘들 것 같고, 저 장면을 쓰자니 너무 구구절절 설명이 필요할 것 같고. 며칠 고민하다가 결정했는데, 골라 놓고 보니 정말 단순하고 사소했던 경험, 누구나 공감할 수 있는 경험이었어요. 그런데 거기에 반어나 역설을 넣어야 하니 더 난감했어요. 어디에 어떻게 넣을지 정말 고민을 많이 했어요. 친구들이랑 이야기를 해 보니 좋은 생각이 떠오르더라고요.

지우의 오랜 고민과 친구들의 조언이 어우러져서 멋진 시가 탄생했다.

즐겁지만 즐겁지 않은

역설 표현으로 쓴 시도 많았다.

큰 상자 전재은

친구의 생일 선물을
위해 준비한
큰 상자

내 마음만큼
커다란
큰 상자

그러나
절반도 채우지 못한
큰 상자

크지만
크지 않은
큰 상자

이 일은 재은이가 중학교 1학년 때 겪은 일이다. 친구 생일 선물을 담으려고 상자를 준비했는데, 욕심이 지나쳤던 탓일까? 상자가 너무 커서 절반밖에 채울 수 없었다. 상자의 나머지 절반은 휑뎅그렁하게 비었을 테니 그걸 보는 재은이 마음이 어땠을까? 또 그런 선물 상자를 받은 친구의 기분은 어땠을까?

그래도 재은이는 재치가 있고 순발력이 좋은 아이다. 처음에는 '과대 포장'이라고 서로 깔깔거리다가, 나중에는 상자의 나머지 빈자리는 마음으로 채웠노라고 진심을 담아 말했다고 한다. 친구는 감동했고, 위기(?)의 순간을 무사히 넘길 수 있었다.

크다고 무조건 좋은 게 아니다. 욕심이 지나치면 화를 부른다. 적당해야 한다. 그때의 깨달음을 담아서 재은이는 "크지만/ 크지 않은/ 상자"라고 역설적으로 표현했다.

역설 표현이 중요한 까닭은 그게 '삶의 깨달음'에 맞닿아 있기 때문이다. 반어와 역설을 배우는 시간에 일상에서 흔히 만날 수 있는 역설 표현을 찾아보자고 했다.

급할수록 돌아가라.
지는 게 이기는 것이다.
원수를 사랑하라.

아이들이 찾아낸 문장 가운데는 인생의 교훈을 담고 있는 게 유독 많았다. 그러고 보면 큰 깨달음은 대부분 역설적 표현이다. 성경이나 불경 말씀 가운데도 역설 표현이 정말 많다. 왜 그럴까? 역설은 우리의 상식을 깨는 발상을 전제로 하기 때문이다. 그러니 역설 표현을 보며 무릎을 탁! 치게 되는 게 아닐까?

다음은 그 시간 학습지 가운데 일부다.

줄에 매달린 연은 그 줄을 끊으면 더 높이 올라갈 수 있을까? 운전자를 옭아매는 교통법규를 죄다 없애 버리면 마음대로 자유롭게 운전할 수 있을까? 부모님의 간섭이 싫어서 집을 나가면 정말 내가 원하는 대로 편하게 살 수 있을까?

이순신 장군도 "살고자 하면 죽을 것이요, 죽기를 각오하면 살 것이다."라고 하셨다. 학교생활도 마찬가지다. 서로 자기만 편하겠다고 욕심을 부리면 모두가 불편해진다. 내가 먼저 솔선수범하고 남을 배려하면 잠깐은 힘들 수 있지만 궁극적으로 모두에게 이익이 된다. 이순신 장군의 말씀을 조금 바꾸면 이렇게 된다. 편하겠다고 욕심부리면 모두가 힘들 것이요, 내가 힘들기를 각오하면 모두가 편할 것이다.

어쩌면 역설은 우리 삶의 본질이다. 역설을 이해한다는 건 삶의 겹과 결을 잘 읽어 낸다는 뜻이다. 그걸 깨달은 사람은 그만큼 더 아름답게 살아갈 수 있다. 그건 나이를 먹는다고 저절로 되는 게 아니다. 애써 배우고 익혀야 한다. 우리는 그래서 국어를 배우고 문학을 읽는다.

즐거운 놀이공원 류아림

중학교에 들어와서 알게 된 친구
서로 잘 맞아서인지 금세 친해진 사이
장난도 치고 놀리기도 하지만
누구보다 잘 챙겨주고 생각해 주는 절친

학교에서 소풍으로 간 서울랜드
"난 놀이기구 못 타!"
친구의 한마디

그러려니 하고
나는 신나게 놀이공원을 즐겼다
오랜만에 친구들과 함께여서
신이 났던 걸까
놀이기구를 못 탄다는 그 말은
저 멀리 흘려버렸다

"어이가 없어서…"
조용하지만,
나의 가슴에 꽂힌 한마디

친구의 빠르고도 날카로운 발걸음을

난

따라가기 어려웠다

아림이가 친구의 말을 흘려들었던 건 간만에 친구들과 함께 놀이공원에 가서 너무 설레었기 때문이다. 다시 말해서 놀이공원이 너무 즐거워서 역설적으로 즐겁지 않은 놀이공원의 추억이 되어 버렸다. 감정이 고조되고 들뜨면 주위를 면밀하게 살피지 못해서 실수하기 쉽다. 청소년 시기에만 그런 건 아니다. 어른이 되어서도 흥분하면 그럴 수 있다.

놀이공원에서 그 일이 있고 나서 아림이는 친구에게 마음을 담아 사과하고, 둘은 다시 원래대로 친한 사이로 돌아갔다고 한다. 그때 아림이가 친구에게 보냈던 문자 가운데 일부다.

아까는 정말 미안했어. 내가 너무 내 생각만 하고, 기다리고 있을 네 생각을 하지 못했던 것 같아. 다음부터는 네가 탈 수 있는 걸 같이 타고, 서로 다른 걸 따로 타더라도 네가 오래 기다리지 않게 조심할게. 미안하고 고마워.

어른들도 자기 잘못을 선뜻 인정하고 사과하는 일이 쉽지 않다. 아림이는 큰 용기를 냈고, 덕분에 둘 사이는 더 단단해질 수 있었다.

아림이는 이 시를 쓰면서 그때 깨달은 삶의 교훈을 가슴 깊이 새기지 않았을까? 그래서 앞으로는 즐겁고 신나는 상황에서도 쉽사리 흥분하지 않고 주위를 둘러볼 힘이 생기지 않았을까? 즐거움이 지나치면 오히려 즐거움을 해칠 수 있다는 인생의 겹을 깨닫지 않았을까?

수학은 내 편

공부는 대한민국 청소년들의 한결같은 고민이다. 우리 아이들이 쓴 시에도 고민의 흔적이 묻어났다. 민서와 한서는 둘 다 수학 때문에 속이 쓰리다.

내 사랑 수학 김민서

수학이 너무 좋다
정확히 말하면 중1 때부터 좋아졌다
왜냐고?

x, y, $f(e)$, a, b, $\sin$, c, $\lim$, $\div$, $\pm$, Σ, $\iint$, $\therefore$ …

참으로 아름답지 아니한가?

자신이 물에 탄 소금의 양을 구하라 하고
자신이 잘못 푼 문제를 나한테 다시 계산하라 하고
자신이 달력을 찢고 그 부분의 숫자를 구하라 하고
자신이 던진 공의 높이와
자신이 걸어간 거리, 속력, 시간까지 구하라 한다

자신에게서 결코
눈을 뗄 수 없게 한다
참으로 친절하지 아니한가?

내가 얘 때문에 매일 밤을 새울 줄
몰랐지
밤새 이렇게 그리워할 줄
몰랐지

오늘 밤도 수학 사랑에
눈물 흘린다

나도 중학교 때 수학을 몹시 어려워했다. 그래도 전 과목 평

균이 반에서 5등 안에는 들었나 보다. 중학교 3학년 때 담임선생님이 나를 포함해서 다섯 명을 불러내셨다. 3월 초였는데, 우리에게 한 과목씩 맡아서 반 친구들에게 문제를 풀어 주라고 하셨다. 무슨 과목을 골라야 하나 다들 눈치를 보고 있는데 내가 먼저 수학을 맡겠다고 나섰다. 수학을 잘해서가 아니었다. 잘하고 싶었기 때문이다. 어렴풋이 '가르쳐 보는 게 가장 확실한 공부다'라고 생각했던 모양이다.

내가 처음으로 문제를 풀어 주는 날이었다. 그렇지 않아도 수학을 어려워하는데, 친구들 앞에서 칠판에 문제를 풀면서 설명하려니 제대로 될 리가 없었다. 땀만 뻘뻘 흘리며 횡설수설하다가 종이 쳤다. 부끄러웠다. 얼굴이 시뻘겋게 달아올랐다. 담임선생님이 "넌 그만해라" 하실 것만 같았다.

다음 시간부터는 조금 더 준비했다. 집에서 연습도 했다. 점점 좋아졌고 심지어 재미도 느꼈다. 수학 수업 시간에도 선생님이 내게 질문하는 횟수가 점점 느는 걸 느꼈다. 그리고 몇 달 뒤 학교 대표로 수학 경시대회에도 나가게 되었다. 수학이 어려워 끙끙거리던 내가 몇 달 사이에 학교에서 수학을 가장 잘하는 대표로 뽑히다니 믿기지 않았다. 선생님이 주신 문제집을 주말 동안 한 문제도 빠짐없이 다 풀었다. 그걸 다 풀었냐며, 수학 선생님도 깜짝 놀라셨다.

내가 그날 수학을 맡겠다고 손을 들었던 이유는 내가 수학을 어려워했기 때문이다. 삶의 역설이다. 그 역설적 선택 덕분에 그 뒤로 많은 것이 달라졌다.

민서 시의 제목은 '내 사랑 수학'이다. 반어일까? 역설일까?

속말(마음)		겉말(표현)		속말(마음)
수학이 너무 싫어. 오늘도 수학 때문에 난 이렇게 눈물 흘려.	㉮ →	내 사랑 수학	㉯ ←	수학이 너무 싫어. 그래서 사랑하려고 더 열심히 노력해.

반어(㉮)냐? 역설(㉯)이냐? 이건 단지 표현의 문제가 아니다. 삶의 태도다. 어려워서 포기하는 사람이 있고, 어려워서 차라리 사랑하려고 더 매달리고 노력하는 사람도 있다. 그 선택이 그 사람의 삶을 결정한다는 게 실존주의 철학의 핵심이다.

참, 시 쓰기 책인데도 도표가 이렇게 많은 건 앞서 밝혔듯이 내가 '그런 교사'라서 그렇다.

세상 모두가 내 편 김한서

─앞에 문제 뒤에 문제 다 아는데,
얘는 모르겠어요.

"ㅋㅋㅋㅋ푸하하핳"
비웃는 동생들
"그럼…. 어디 보자. 이거! 해볼까?"
또 나 시키는 선생님

—어… 이게 뭐냐면요… 음…
"ㅋㅋㅋㅋ푸하하핳"
비웃는 언니들

"안녕히 계세요!"
집에 가는 학생들
"한서야 이리 와 봐."
나를 부르시는 선생님

—오늘도 남아서 힘들었어
왜 자꾸 나한테만 그래
집에 오자마자 엄마한테 투덜거린 나

"선생님은 너를 위해 친절하게 설명해 주신 거야."
선생님 편만 드는 우리 엄마

한서는 태권도를 사랑하고 잘하는 아이다. 태권도 시범단 사범이 되고 싶다고 했다. 학생회장 후보로 출마해서 전교생 앞에서 소견을 발표할 때도 멋진 발차기 솜씨를 자랑할 정도다. 성격도 참 밝아서 구김이라곤 찾아보기 힘들다.

그런 한서에게도 삶의 굴곡은 있다. 시에는 '수학'이란 말이 없지만, 상황을 미뤄 짐작해 볼 때 한서를 괴롭힌 녀석도 수학이었을 것 같다. 학원 선생님도, 동생들도, 언니들도 모두 내 편이 아니다. 심지어 엄마도 선생님 편만 든다.

아마 한서도 알고 있을 거다. 학원 선생님이 왜 그러는지, 또 엄마는 왜 그렇게 말씀하시는지. 그래서 '세상 모두가 내 편'이라는 제목은 반어이면서 동시에 반어가 아니기도 하다. 겹이 있는 멋진 시가 되었다.

그나저나, 태권도 시범단 사범이 되고 싶은 한서가 수학 때문에 곤란을 겪어야만 하는 우리나라 교육 현실은 반어일까? 역설일까?

반어와 역설, 어떻게 가르쳐야 하나?

여러 표현 방법 가운데 반어와 역설만 조건으로 제시했다. 중학교 2학년 교육과정에 나오기 때문이다. 학년이 달라지면 조건도 달라져야 한다. 먼저, 수업 시간에 반어와 역설을 각각 한 시간씩 공부했다. 아래는 반어를 다룬 수업안이다.

핵심은 모둠으로 활동한 2단계다. 네 모둠으로 나눠서 각각 한 작품씩 맡아서 반어 표현을 찾았다.

단계		주요 활동	세부 활동	주체
도입	1	개념 설명	반어의 개념 반어가 들어간 예시	교사
전개	2	반어 찾기	모둠마다 한 작품씩 맡아 시에서 반어 표현 찾기	모둠
	3	발표	모둠 대표가 발표 교사가 칠판에 정리	모둠
정리	4	개념 확인	칠판 판서를 보며 반어의 개념 확인	교사

- 타는 목마름으로, 김지하
- 즐거운 편지, 황동규
- 먼 후일, 김소월
- 하급반 교과서, 김명수

이때 교사가 모둠을 다니며 상황에 따라 지도하는 게 무척 중요하다. 학생들은 단어나 문장 하나에 꽂히는 경우가 많다. 시에서 화자는 누구며, 그가 어떤 상황에 놓여 있고, 그래서 어떤 정서와 태도인지, 그걸 어떤 방식으로 표현했는지, 그랬더니 어떤 효과가 있는지 시의 흐름(맥락) 안에서

찾도록 안내했다.

역설을 공부하는 시간도 비슷한 구조였고 2단계에서 함께 읽은 시만 달랐다.

- 우리가 눈발이라면, 안도현
- 님의 침묵, 한용운
- 봄길, 정호승
- 십자가, 윤동주

넷째, 말하지 말고 그리세요.

반어와 역설 말고도 표현 방법은 많아요. 감각적 표현도 있고, 비유와 상징도 있어요. 이런 표현법을 쓰는 까닭은 화자의 상황과 정서를 그림으로 그리듯이 보여 주려는 거예요. 쉽게 말해서, 사랑한다고 말하지 않고 사랑하는 마음을 보여 주는 거죠.

시에서 "사랑해. 미안해. 고마워."라고 직접 말하지 마세요. 그런 말은 뒤로 감추고, 여러분의 마음을 다른 방식으로 표현해 보세요. 독자를 믿으세요. 직접 말하지 않아도 독자는 여러분 마음을 느낄 수 있어요.

그런데 이런 표현 기교를 최종 목표로 삼으면 안 돼요. 어떤 일을 겪었는지, 그때 마음이 어땠는지 그게 알맹이예요. 그걸 잘 드러내기 위해 표현법을 쓰는 겁니다. 빗대어 설명하면 표현법은 옷이에요. 옷보다는 몸이 먼저겠죠.

시도 다이어트가 필요해!

고치고 다듬기

2021년, 품격(品格)

2021년에는 이제까지 다뤘던 주제를 모두 포괄해서 '품격'을 얘기하고 싶었다. 하지만 개인 사정으로 2년 동안 학교를 떠나는 바람에 그걸 수업에서 다루지는 못했다. 그러다가 2023년에 다시 학교로 돌아와 '내 인생의 오해'라는 주제로 수업을 이어 갔다.

'품격(品格)'이 뭘까? 자신의 실존적 자아에 대한 굳건한 인식을 바탕으로 더 바람직한 길을 선택하면서도, 자기 판단만 옳다고 고집하지 않고 사람살이의 겹과 결을 읽어 낼 줄 아는, 그런 아름다운 태도가 한마디로 '품격'이 아닐까?

'품격 있는 사람'은 '사람다운 사람'이다. 공자도 "임금이 임금답고, 신하가 신하답고, 어버이가 어버이답고, 자녀가 자녀다우면 나라가 저절로 잘 돌아간다[君君臣臣父父子子]."라고 했다. '―다움'은 아름다움이다.

시에도 품격이 있다. 시다운 시가 품격 있는 시다. 그걸 판단하는 기준은 많겠지만 나는 절제, 생략, 압축 이런 걸 강조했다.

시다운 시

봄이었다. 시 단원을 공부하는 첫 시간에 나는 마른미역, 민들레꽃 한 포기, 단팥빵 몇 개를 들고 수업에 들어갔다. 아이들이 의아하게 쳐다봤다. 모둠 책상마다 투명한 컵을 하나씩 놓고, 마른미역을 담고 물을 부었다. 마른미역이 불기를 기다리며 물었다.

국어 교사를 하는 내 친구가 "시는 마른미역이다"라고 했어요. 왜 그렇게 말했을까요?

아이들은 저마다 자기 생각을 쏟아 놓았다. 그걸 칠판에 간단히 정리했다.

맞아요. 미역은 바닷속에서 고유의 맛, 향, 색, 영양을 지닌 채 자라요. 그런데 그걸 내륙 깊은 곳으로 배달하려면 어떻게 해야 할까요? 교통이 발달하지 않았던 예전에 조상들이 찾아낸 방법은 말리는 겁니다. 마른미역은 거리가 멀어도, 시간이 많이 지난 뒤에도 전달할 수 있어요. 마른미역을 물에 불리면 원래의 맛, 향, 색, 영양이 고스란히 다시 살아나죠.

시도 마찬가지다. 시인이 말하고 싶은 게 있는데 그걸 그대로 전달하기는 쉽지 않다. 절제, 생략, 압축해야 시간과 공간의 제약을 뛰어넘어 전달할 수 있다. 그런 얘기를 하는 동안 미역이 퉁퉁 불었다.

　그러니 시를 읽을 때는 글자 그대로 읽어서는 안 돼요.
　미역을 물에 넣고 불리듯, 시 구절을 마음에 넣고 불려
　야 해요. 화자는 어떤 일을 겪었나, 그래서 정서와 태
　도가 어떤가? 그래야 미역의 원래 맛을 되살릴 수 있
　어요.

다음으로 민들레꽃 한 포기를 보여 줬다. 뿌리째 뽑아서 흙
에 담아 왔건만 민들레꽃은 진즉에 시들어서 축 늘어졌다.
여중생들은 그걸 보고 "아!" 하며 안타까워했다.

　민들레꽃을 볼까요? 내가 가르쳤던 어떤 학생은 시를
　민들레 홀씨에 비유했어요. 그건 어떤 의미일까요?

아이들은 마른미역과 비교하며 곧잘 대답했다. 민들레꽃을
있는 그대로 전달하기는 어렵다. 한 시간도 안 돼서 금세 시
들기 때문이다. 홀씨로 압축해야 시간과 공간의 제약을 뛰
어넘어 전달할 수 있다. 이걸 마음에 심어서 싹을 틔우고 꽃
을 피우면 원래 민들레를 다시 살려 낼 수 있다. 시도 그렇
게 쓰고, 그렇게 읽어야 한다.

비슷한 맥락에서 나희덕 시인은 시를 '유리병 편지'에 비유했다. 바닷가 절벽 높은 감옥에 억울하게 갇힌 죄수가 있다. 그는 어느 날 유리병 하나를 발견한다. 자기 사연을 편지에 써서 유리병에 넣고 바다에 던진다. 그러지 않고서는 자신의 억울함을 바깥에 알릴 방법이 없다. 하고 싶은 얘기가 오죽 많았을까? 그렇지만 그걸 다 쓸 수는 없다. 줄이고 줄여서 겨우 한 장으로 쓴다. 그 병은 바다를 건너, 몇 년의 시간이 지나 어느 바닷가에 닿는다. 그러니 바닷가에서 우연히 유리병에 담긴 편지 하나 발견한다면 허투루 읽어서는 안 된다. 편지를 쓴 사람이 어떤 상황, 정서, 태도일지 공감하며 읽어야 한다.

마른미역처럼, 민들레 홀씨처럼, 유리병 편지처럼 절제, 압축, 생략의 맛을 잘 살린 시가 시다운 시다. 품격 있는 시다. 시도 다이어트를 해야 한다.

단팥빵의 기억

마지막으로 단팥빵을 나눠 줬다. 우리 학교는 학생 건강을 염려해서 간식을 엄하게 통제하는 편이다. 수업 시간에 빵을 받았으니 그걸 먹어도 되나 눈치를 보며 주저하는 아이들이 있었다.

여러분! 이건 빵이 아니에요. 시예요. 국어 시간에 시를 먹는 건 혼날 일이 아니라 칭찬받을 일이니, 그대여 ♪ 아무 걱정하지 ♬ 말아요. ♩

그렇게 안심시키고, 빵과 시의 공통점 네 가지를 설명했다.

집에 갔더니 빵이 있어요. 그냥 먹지 않죠. 물어보잖아요. 무슨 빵인지… 빵에는 빵에 얽힌 이야기가 있어요. 언제 누구와 먹었나, 그 이야기에 따라 빵의 맛과 느낌은 달라져요. 시에도 이야기가 있어요. 그걸 화자의 '맥락'이라고 해요. 시를 읽을 때는 먼저 화자의 이야기에 귀를 기울이세요.

둘째, 눈으로 보겠죠. 와! 장식이 예쁘기도 하구나! 그게 시의 '표현'이에요. 비유, 상징, 반어, 역설, 감각적 표현… 그런데 눈으로만 봐서는 빵의 맛을 제대로 느낄 수 없잖아요.

셋째, 빵은 입으로 먹어야 제맛입니다. 시도 소리 내서 읽어야 제맛을 느낄 수 있어요. 그걸 시의 '운율'이라고 해요.

넷째, 앞서 이야기한 걸 모두 종합해서 우리는 빵에 대해 평가할 수 있어요. 시를 이해하고 감상하는 단계죠.

시의 '아름다움'을 느끼는 거죠.

어쩌면 아이들이 어른이 되어 단팥빵을 먹다가 문득 오늘의 이 국어 시간을 떠올릴 수도 있겠다. 그때 아이들은 이 수업을 어떻게 기억할까? 그렇게 해서 빵에, 아이들의 삶에 또 하나의 이야기가 생겼다.

시 쓰기도 단계를 나눠서 차근차근

어떤 운동이든 처음 배울 때는 동작을 끊어서 자세를 정확히 익혀야 한다. 그래야 실전에서 빠르고 정확하게 그 동작을 할 수 있다. 성급하게 욕심내서 어설프게 동작을 흉내 내면 나쁜 자세가 몸에 배어 고치는 게 힘들다. 더 큰 문제는 부상 위험도 크다는 점이다. 태권도에서 품새 훈련을 열심히 하는 것도 그런 까닭이다.

시를 쓸 때도 마찬가지다. 아이들은 시를 쓴 경험이 거의 없다. 부담을 느끼지 않는 게 오히려 이상하다. 섣부르게 욕심내서 처음부터 시처럼 쓰려고 흉내 내면 안 된다. 단계를 밟아서 차근차근 접근해야 한다.

시를 쓰라고 하시니, 시집이나 교과서에서 봤던 시처럼 비유, 은유, 반어 이런 걸 사용해서 뭔가 멋지게 써

야 할 것만 같아서 머리가 아팠어요.　　-정태형(2학년)

시를 멋있게 써야 한다는 생각이 있어서 부담스러웠
는데, 선생님이 일기 쓰듯이 편하게 쓰라고 말씀해 주
셔서 큰 도움이 됐어요. 안 그랬으면 멋진 표현만 생각
하다가 결국 한 줄도 못 썼을 것 같아요.

-김도희(2학년)

이건 시 쓰기의 걸음마 단계다. 처음에는 시처럼 쓰지 못하
게 막았다. 일기 쓰듯, 친구에게 얘기하듯 쓰라고 했다. 걸
음마를 거치지 않고 바로 걷거나 뛸 수 있는 사람은 없다.
다친다.
　문제는 이렇게 걸음마로 편하게 쓴 글을 시답게 다듬는
일이다. 세 가지 원리를 제시했다.

압축의 힘
예원이는 정말 충실하게 단계를 따랐다. 제주도에 놀러 가
서 겪었던 일을 공책 두 쪽 분량으로 빼곡하게 적었다. 그러
고는 나를 보고는 수줍은 듯 배시시 웃었다. 속으로 아마 이
런 생각을 했던 것 같다.

시를 쓰라고 하셨는데 공책 두 쪽이나 썼으니 이를 어쩌나?

내용이 나쁘지 않았다. 순간을 잘 포착하면 멋진 시가 나올 것 같은 느낌이 들었다. 예원이에게 잘 썼다고 칭찬하고 그걸 같이 줄여 보았다. 그랬더니 이렇게 됐다.

첫 느낌 김예원

나와 내 친구들, 그리고 가족들과 제주도에 갔다
친구들과 놀고 있었는데 동생이 비명을 질렀다
바퀴벌레였다
친구들이 식겁하며 상 위로 올라갔다

아빠가 달려왔고
바퀴벌레는 가구 틈새로 숨었다

아빠의 손은 두터워
틈새로 들어가지 않았다
나는 아무 생각 없이 물티슈를 쥐고
틈새로 손을 넣었다

순간 움찔했다
겉은 딱딱하고
속은 말캉한

그게 손가락 사이에서 버둥댔다
움찔움찔
물컹물컹

힘을 주어 잡을 수도 없고
그렇다고 놓아버릴 수도 없었던,
처음 느껴본
그 느낌

예원이가 처음 썼던 글은 이 앞뒤로 상황 설명이 더 있었다. 그걸 걷어 내고 "그게" 손에 닿았던 그 순간에만 집중하자고 권했다. 앞에서 친구들과 재미있게 놀던 장면도 삭제하고 뒤처리 과정도 없앴다. 오히려 "움찔움찔/ 물컹물컹"했던 그 순간의 느낌을 조금 더 보충했다. 그랬더니 몸서리(?)치게 생동감 있는 시가 되었다. 시다운 시가 되었다.

이렇게 쓰면 된다. 처음에는 친구에게 이야기하듯 편하게 쓰고, 그걸 다시 읽으며 한순간을 포착해서 줄이고 다듬으면 된다. 미역처럼 말리면 된다.

반복의 힘

운율을 만드는 두 번째 원리는 반복이다.

다비 김다혜

다비는 유기견
지금은 우리와 살고 있다

깡촌 산에 버려진 유기견 다비
보슬보슬 차가운 비를 맞으면
주인이 떠난다고 생각하는 걸까

하염없이 비 맞으며
젖어 들고
기다리는 불안감에
젖어 들고
비가 오면 넌 항상 슬픈 미소에
젖어 들지

비가 오면

너의 맘속도

다 '비'지

다혜는 공감 능력이 정말 탁월한 아이다. 학교에서 친구들한테만 그런 줄 알았더니, 시를 보니 반려견한테도 그랬다. 반려견 이름부터 '다비'였다. "다혜랑 돌림이니?"라고 물어보니 그렇다고 했다. 다혜의 마음을 엿볼 수 있었다.

다혜도 처음에는 시를 쓰는 데 애를 먹었다. 하고 싶은 얘기는 있는데 그게 잘 표현이 되지 않아 무척 속상해했다. 나도 이해가 안 되는 부분이 있어서 이런 뜻인지 저런 뜻인지 여러 번 물었다. 다혜는 그런 지적을 하나도 놓치지 않고 잘 반영해서 시를 다듬었다.

먼저 시의 대상에게 어떤 일이 있었는지 자세하게 쓰는 과정에서 그날의 날씨, 장소, 분위기 등등 고려해야 할 게 많아서 어려웠습니다. 그래도 선생님이 피드백을 주신 덕분에 잘 해결했습니다.

다혜 시가 확 달라진 건 운율을 고려해서 고쳐쓰기를 하고 나서였다. 운율을 살리려고 3연에 '젖어 들다'를 세 번 반복했는데, 이게 참 절묘하다.

1~2행에서 하염없이 비 맞으며 젖어 드는 다비와 3~4행에서 기다리는 불안감에 젖어 드는 다비와 5~6행에서 비가 오면 항상 슬픈 미소에 젖어 드는 다비가 서로 대비된다.

1~2행의 다비는 처음 깡촌에 버려진 다비다. 그날도 보슬보슬 차가운 비가 내리고 있었다. 3~4행의 다비는 구조를 기다리는 다비다. 비에 젖고 불안에 젖어 떨고 있는 다비의 모습이 눈에 선하다. 5~6행의 다비는 현재다. 무사히 구조되어 다혜와 오순도순 살고 있지만, 다비는 비만 오면 그때의 기억에 젖어 든다.

처음에 다혜가 길게 산문으로 썼던 다비의 삶을 어쩜 이렇게 간결하게 압축할 수 있었을까? 다혜의 시를 보면서 반복의 힘을, 운율의 힘을 새삼 느꼈다.

3연을 그렇게 다듬으니 4연이 확 살아난다. '다비'라는 이름은 '다혜'와 돌림이었지만, 3연과 연결해서 보니 다 '비'였다. 아마 처음에 다비 이름을 지을 때 다 '비'라는 뜻으로 짓지는 않았을 것이다. '다비'라는 이름에서 다 '비'의 의미를 발견한 건 다혜가 다비를 마음에 품었던 그 따뜻한 시간 덕분이다.

한 대상을 일주일 동안 관찰하고 마음에 품어 보는 시

간이 좋았어요. 동물도 사람과 똑같이 마음이 있지 않을까 하는 생각이 들었고, 그러니 비로소 다비의 마음이 보이기 시작했습니다. 다비와 소통한다는 느낌이 들었어요.

비밀을 하나 얘기하자면, 시끌벅적한 교실에서 이 시를 읽었을 때는 그저 '참신하게 표현했구나!'라는 느낌이었다. 그런데 원고를 정리하느라 새벽에 다시 읽는데 찔끔, 눈물이 났다. 다혜에게는 말하지 않았다.

624 박지원

혹시 알까
이 시간이 누구보다 행복했던 걸

혹시 알까
그를 누구보다 사랑했던 걸

혹시 알까
이 연애에 누구보다 진심이었던 걸

혹시 알까
초등학생의 연애도 의미가 있었던 걸

혹시 알까
624일 동안의 연애는
624일 동안의 시간은

아무것도
아닌 것이
아니었던 걸

지원이가 쓴 시도 절제와 반복으로 시다워졌다. 지원이는 연애 시작부터 끝이 날 때까지의 날짜 수를 정확히 기억하고 있다. 이 시에는 쓰지 않았지만 "2019년 11월 13일에 시작해서 2021년 7월 29일에 끝났어요"라고 날짜까지도 또렷하게 말했다. 그만큼 지원이에게는 의미가 있는 시간이었다.

　지원이가 집중한 건 그 시간의 '의미'였다. 624일 동안 연애하면서 얼마나 많은 일이 있었을까? 그런 세세한 일들은 다 생략했다. 대신 "누가 알까"를 반복함으로써 "아무것도/ 아닌 것이/ 아니었던" 그 시간의 의미만 도드라져 보이도록 했다. 압축과 반복으로 이 시는 힘을 얻었다.

우리 할아버지 차주하

나에게 항상
만 원을 주시던
우리 할아버지

맨날 나를
태워다주시던
우리 할아버지

나는 몰랐네,
암 투병의 아픔을

나는 몰랐네,
소중히 가지고 계시던 내
편지를

주하 시도 짧지만 울림이 있다. 4연으로 구성되어 있는데
1~2연은 할아버지 얘기고, 3~4연은 주하 얘기다. 그래서

1~2행에는 "우리 할아버지"를 반복했고 3~4연에서는 "나는 몰랐네"를 반복했다. "우리 할아버지"는 3행에, "나는 몰랐네"는 1행에 서로 엇갈리게 배치한 것도 이 시의 만듦새를 돋보이게 만들어 준다.

'절차탁마(切磋琢磨)'라는 말이 있다. 옥을 자르고, 갈고, 다듬고, 문질러서 더욱 빛나는 보석으로 만든다는 뜻이다. 흔히 학문이나 인격을 기르기 위한 노력을 빗대는 표현이다. 주하도 자신이 겪은 일을 간결하게 자르고 갈고 다듬고 문질러서 입에 착착 감기는 시로 만들었다.

줄 바꾸기의 힘

다혜, 지원, 주하가 쓴 세 편의 시는 원래 산문처럼 길게 쓴 글을 간결하게 다듬어서 운율을 살렸다. 거기다 '반복'을 더하니 읽는 맛이 한층 깊어졌다.

줄 바꾸기로 읽는 맛을 살린 시들도 있다.

재미있는 롤러코스터 윤효진

어린 시절 무서워했던 롤러코스터
T익스프레스
오늘은 왜인지 타고 싶다

큰맘 먹고 선
대기줄
비가 온다던 일기예보 덕에
5분만에 다가온 내 차례
신난다

즐거운 마음으로 앉는다
설레는 마음으로 벨트를 채운다

—덜커덩
미처 마음의 준비도 없이
출발한
　　　티
　　　　익
　　　　　스
　　　　　　프
　　　　　　　레
　　　　　　　스

내 머릿속에 스쳐 간 한마디
"망했다."

효진이는 어릴 때 롤러코스터를 무서워했다. 그날은 왠지 용기를 내서 줄을 섰는데, 한참 기다리겠다는 예상과 달리 너무 일찍 순서가 돌아와 버렸다. 비가 온다는 예보 때문에 평소보다 사람이 적었던 탓이다. 미처 마음의 준비도 하지 못했는데 "덜커덩"하고 출발했을 때 마음이 어땠을까? 그때의 놀란 마음을 표현하기 위해서 티익스프레스가 떨어지는 모양으로 줄을 바꿨다. 시를 읽는 재미다.

그의 눈썹 김빈

―드르륵
문이 열리네요
그대가 들어오네요
교생 쌤과
그의 눈썹

저거야!
지금까지 찾아왔던 일자의 이쁜 눈썹
소리 없는 아우성이 절로 나왔던
그의 눈썹

그의 눈, 그의 귀,

그의 머리카락과 그의 착장

조합하니 있던 후광이 더 빛이 났던

그의 눈썹

그의 눈썹을 더 자세히 보고 팠다

부탁해서 그의 머리카락을 넘겼는데

⋮

⋮

일자가 아닌 웬 송충이 눈썹

짙은 눈썹에 정신이 혼미해

지는

그의 눈썹

빈이는 '오해'에 집중해서 글감을 골랐다. 교생 선생님을 처음 봤을 때 자신이 이상형으로 생각하던 "일자의 이쁜 눈썹"이라고 설렜는데 그건 착각이었다. 머리카락을 넘겼을 때 "송충이 눈썹"이 튀어나와서 정신이 혼미해졌다는 사연이다.

이 시에서 묘미는 마지막 연이다. "지는" 앞뒤로 줄을 바꿔서 아래위로 다 걸리게 했다. 그렇게 하니 이중적 의미가 되었다.

- 송충이 눈썹을 보니 내 정신이 혼미해지네.
- 그의 눈썹이 내 마음속에서 사라지네.

마치 지는 해처럼, 교생의 눈썹에 대한 기대감이 폭— 가라
앉는 게 느껴져서 재미있다. 이런 '행 걸침' 기법은 예전에도
자주 활용한 방식이다.

아이쿠 내 일이야 그릴 줄을 몰랐더냐
있으라 했으면 가랴마는 제 구태여
보내고 그리는 정은 나도 몰라 하노라

-황진이

황진이 시조다. 초장에서 화자는 자신이 한 일을 후회하고
있다. 내가 한 일을 좀 봐! 임을 보내고 이렇게 그리워할 줄
을 왜 몰랐단 말인가? 자책하고 있다.

중장에서 "제 구태여"가 행 걸침이다. 이게 중장에 걸치
면 '내가 있으라고 했으면 임이 구태여 떠났겠냐?'라는 뜻이
된다. 그런데 이걸 종장에 걸면 '그런데도 내가 구태여 임을
보내고, 이렇게 그리워하고 있구나!'라는 의미다. 이게 행

걸침의 묘미인데, 빈이의 시에서도 그런 맛이 느껴졌다.

감자가 쿵쿵쿵 정태형

나는 감자
얼굴도 감자
눈동자도 감자
그래서 별명도 감자
나는 감자로 이루어져 있지

내가 좋아하는 그 아이도
감자

감자 닮은 그 아이와 길에서 만나면
내 머릿속 감자가 쿵쿵
내 심장의 감자도 쿵쿵쿵

그 아이의 마음속 감자도
쿵
쿵
뛰었으면 좋겠다

참 매력적인 시다. 곡을 붙여서 노래로 불러도 좋겠다는 생각이 들 정도다. 그만큼 운율이 잘 살아 있다. 이런 시는 눈으로만 읽으면 안 된다. 맛있는 빵을 눈으로 보고 마는 것처럼 어리석은 일이다. 밖으로 소리 내서 읽어 봐야 한다. 부디 꼭 그렇게 해 보기를 바란다.

1연부터 2연까지 '감자'를 반복했다. 그런데 밑으로 내려갈수록 행이 길어지도록 했다. 덕분에 무척 안정적인 느낌을 준다. 특히 2연에서는 "내가 좋아하는 그 아이도"와 "감자" 사이에 줄을 바꿔서 음악에서의 쉼표 같은 느낌을 준다. 1연부터 2연까지 감자를 반복하면서 흘러온 리듬감이 여기서 멈칫 멈춰 서는 느낌이다. 소리 내서 읽으면 더 잘 느낄 수 있다.

아니나 다를까 3연부터는 시의 분위기가 싹 바뀐다. 1~2연에서는 경쾌하게 콧노래를 부르며 사뿐사뿐 걷는 느낌이라면 3~4연에서는 조금은 조심스럽고 비밀스러운 느낌을 준다. 귓속말로 읽어야 할 것 같다. 줄 바꿈 한 번에서 비롯되는 효과가 이렇게 크다.

3연과 4연에서는 "쿵" 소리가 반복된다. 여기서도 줄 바꿈을 참으로 멋지게 했다. 내 머리의 감자는 "쿵쿵" 울리고, 심장의 감자는 "쿵쿵쿵" 울리는데, 그 아이 마음속의 감자는 "쿵", "쿵" 하고 울린다. 속도가 서로 다르다. "쿵" 소리에 두 아이의 성격까지 드러나는 것 같아서 저절로 미소 짓게 된다. 줄 바꿈의 묘미를 제대로 느낄 수 있는 작품이다.

시를 쓰는 과정은 비록 힘들었겠지만, 평생 이렇게 멋진 시 한 편 얻을 수 있다면 밑지는 장사는 아니라는 생각이 든다. 태형이도 자기가 쓴 시를 읽으며 보람을 느낀다고 했다.

처음에는 한 글자 한 글자 어떻게 써야 할지 고민이었는데, 다 쓰고 보니 제가 엄청나게 고민한 만큼 제 마음이 잘 표현이 된 것 같아서 보람을 느껴요. 아버지도 정말 재밌게 잘 썼다며 칭찬을 많이 해 주셔서 더 뿌듯했어요.

고쳐쓰기를 위한 점검표

시는 쓰는 걸로 끝이 아니다. 절차탁마의 과정을 거쳐야 한다. 이 지루한 시간을 견디면서 학생들은 배우고 성장한다. 아이들 얘기를 직접 들어 보자.

솔직히 처음에는 대충하고 말 생각이었는데, 여러 차례 선생님한테 검사받고 그때마다 조언을 들으며 시를 고치니 점점 좋아지는 게 느껴졌어요. 최종본을 선생님께 보여 드렸을 때 선생님이 잘 썼다고 칭찬해 주셔서, 그때 무척 기분이 좋았고 보람을 느꼈어요.

-김민서(2학년)

어떻게 하면 시를 읽는 독자가 제가 있었던 그 상황에 있는 것처럼 느끼도록 할 수 있을까 생각하며 쓰려니 조금 막막했어요. 전에 읽었던 시들도 떠올려 보고, 선생님과 친구들에게도 자꾸 물었어요. 세상에는 나 혼자서 해결할 수 있는 일이 그리 많지 않다는 걸 알고 있기에 한 구절 한 구절 쓸 때마다 선생님이나 친구들에게 어떻게 고치면 더 자연스러울지 물었죠. 그게 큰 도움이 됐어요.

-기세희(2학년)

시의 초안을 쓰고 나서 왠지 계속 신경 쓰여서 친구들에게 제 시를 보여 줬어요. "내 시에서 부자연스러운 부분 없어? 혹시 여기가 조금 이상하지 않아?"라며, 제 시를 처음 읽는 독자인 것처럼 봐 달라고 부탁했죠. 친구들이 괜찮다고 해 줘서 안심할 수 있었습니다.

-장은서(2학년)

제 경험을 어떻게 표현할지 어려웠어요. 제 이야기를 생생하고 즐겁게 접할 수 있도록 표현하고 싶은 마음이 컸어요. 다른 시집을 읽으며 도움을 많이 받았어요. 그렇게 완성한 제 시입니다.　　　　　　　　－강송연(2학년)

아이들은 입을 모아 얘기한다, 시는 혼자 쓰는 게 아니라고. 시를 고치는 과정도 송곳을 다루는 일과 비슷하다. 부끄러워서 숨기고 그 상태로 머무느냐, 용기 내서 자꾸 다른 사람에게 보여 줘서 고치고 다듬느냐, 그걸 선택해야 한다.

그런데 교사 혼자서 수많은 학생의 시를 일일이 봐줄 수는 없다. 학생들이 시를 점검할 잣대를 갖고 있다면, 자신의 시든 친구의 시든 더 잘 볼 수 있다.

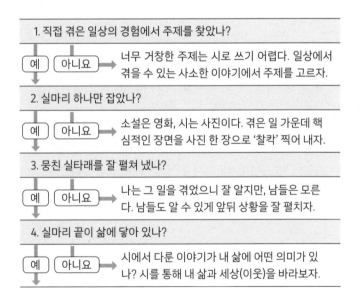

1. 직접 겪은 일상의 경험에서 주제를 찾았나?

예　아니요 ➔ 너무 거창한 주제는 시로 쓰기 어렵다. 일상에서 겪을 수 있는 사소한 이야기에서 주제를 고르자.

2. 실마리 하나만 잡았나?

예　아니요 ➔ 소설은 영화, 시는 사진이다. 겪은 일 가운데 핵심적인 장면을 사진 한 장으로 '찰칵' 찍어 내자.

3. 뭉친 실타래를 잘 펼쳐 냈나?

예　아니요 ➔ 나는 그 일을 겪었으니 잘 알지만, 남들은 모른다. 남들도 알 수 있게 앞뒤 상황을 잘 펼치자.

4. 실마리 끝이 삶에 닿아 있나?

예　아니요 ➔ 시에서 다룬 이야기가 내 삶에 어떤 의미가 있나? 시를 통해 내 삶과 세상(이웃)을 바라보자.

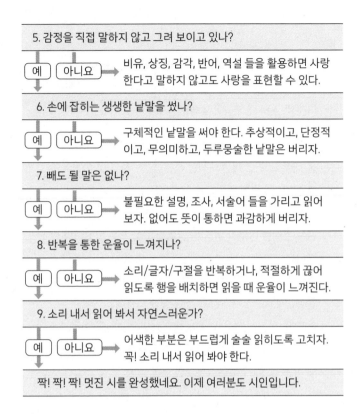

5. 감정을 직접 말하지 않고 그려 보이고 있나?

예   아니요 ➡️ 비유, 상징, 감각, 반어, 역설 들을 활용하면 사랑한다고 말하지 않고도 사랑을 표현할 수 있다.

6. 손에 잡히는 생생한 낱말을 썼나?

예   아니요 ➡️ 구체적인 낱말을 써야 한다. 추상적이고, 단정적이고, 무의미하고, 두루뭉술한 낱말은 버리자.

7. 빼도 될 말은 없나?

예   아니요 ➡️ 불필요한 설명, 조사, 서술어 들을 가리고 읽어보자. 없어도 뜻이 통하면 과감하게 버리자.

8. 반복을 통한 운율이 느껴지나?

예   아니요 ➡️ 소리/글자/구절을 반복하거나, 적절하게 끊어읽도록 행을 배치하면 읽을 때 운율이 느껴진다.

9. 소리 내서 읽어 봐서 자연스러운가?

예   아니요 ➡️ 어색한 부분은 부드럽게 술술 읽히도록 고치자. 꼭! 소리 내서 읽어 봐야 한다.

짝! 짝! 짝! 멋진 시를 완성했네요. 이제 여러분도 시인입니다.

수업 시간에 이 잣대로 시를 가꾸고 다듬는 시범을 몇 번 보여 주면 다음부터는 아이들도 잘 따라서 한다. 혹시 시 창작물을 수행평가에 반영할 때도 이 잣대를 활용하면 좋다.

다섯째, 소리 내어 읽어 보세요.

먼저, 스스로 소리 내어 읽어 보세요. 반드시 입 밖으로 소리를 내야 해요. 그러면 어색한 부분이 '툭' 하고 걸릴 거예요. 그걸 자연스럽게 읽히도록 고치세요. 그런데 그렇게 몇 번 되풀이하면 시가 나한테는 아주 자연스럽게 느껴져요. 그 단계가 되면 아무리 여러 번 읽어도 고칠 부분을 찾기가 어려워요. 그때는 친구나 선생님에게 보여 주세요. 소리 내서 읽어 봐 달라고 부탁해 보세요. 내가 미처 발견하지 못한 걸 찾아낼 거예요. 그 부분도 자연스럽게 다듬어 나가세요.

이때 두 가지에 마음을 써야 해요. 첫째, 입에 착착 감기게 잘 읽히는가? 다시 말해서 운율이 느껴지는가? 둘째, 빼도 될 말은 없는가? 특히 불필요한 상황 설명, 조사, 서술어 들을 꼼꼼히 보세요. 빼도 되는 건 미련 없이 빼세요.

시를 읽고 쓰는 즐거움

시 쓰는 어려움을 이겨 내는 힘

즐거움이 깃드는 자리

요즘 날마다 아침에 두 시간씩 수영을 배운다. 상급반이라 화요일과 금요일에는 물로 뛰어들어 출발하기를 연습한다. 7시 강습반에서는 내가 보기에도 멋지게 입수한다. 물방울도 거의 튀기지 않고 물속으로 쪽— 빨려드는 느낌이 참 좋다. 상쾌하다. 그런데 6시 강습반에서는 이상하리만치 헤맨다. 배로 물을 치기도 하고, 서너 번에 한 번꼴로 물안경도 뒤집힌다.

강사 탓은 아닌 것 같다. 두 분 모두 그저 묵묵히 지켜만 보실 뿐 이러쿵저러쿵 별말씀이 없기 때문이다. 그러다 문득 이런 생각이 들었다.

아! 그저 묵묵히 지켜보는 게 교사의 일이구나. 병풍처럼.

내가 그 수영장에 가서 처음 만난 분은 7시 강습반 강사이다. 1년 넘게 다니다 보니 이제는 정도 좀 들었고 가끔 지나가는 말로 "스타트할 때 너무 멀리 뛰지 마세요"라며 툭 던질 때도 있다. 그래서인지 7시 강습에서는 출발대에 서면 마음이 편하다.

그러다 운동이 부족하다 싶어 강습 한 시간을 추가로 신청했고, 그렇게 6시 강습반 강사를 만났다. 내가 낯을 많이 가리는 성격이라 아직 충분히 친해지지 못했다. 그래서일까? 6시 강습에서는 출발대에 서면 조마조마하다. 강사가 나를 보는 눈빛이 편치 않다.

두 사람 다 내게 딱히 뭐라고 하지는 않는다. 아무 말 없어도, 그저 그 자리에 서 있는 것만으로도 내게는 큰 영향을 미친다. 교사도 그런 존재라는 생각이 들었다. 병풍은 가만히 서 있는 것 같지만 그 집안이나 행사의 분위기를 좌우한다.

시를 읽고 쓰는 활동이 즐거웠으면 좋겠어요. 부담 갖
지 마세요. 편하게 쓰세요. 즐기는 마음으로 하자고요.
즐기는 ♪ 여러분이 ♬ 챔피언 ♩

시를 쓰는 동안 아이들에게 줄곧 했던 말이다. 즐거움은 '편안함'에서 온다고 믿기 때문이다. 그 상황이 편치 않으면 즐거움이 깃들 자리가 없다. 시 쓰기 활동에서도 마찬가지다.

그런데 생각해 보면 그런 '말'이 얼마나 효과가 있었을까? 부담을 버리란다고 정말 버려질까? 그게 수행평가에 반영되기라도 한다면 학생들이 느끼는 부담은 가중될 수밖에 없다.

학생들은 교사의 '말'로 변하는 게 아니다. 말로 변화시키고 말로 가르칠 수 있다면 교육처럼 쉬운 일이 어디 있을까? 아이들을 변화시키는 건 입에서 쉽게 뱉을 수 있는 말이 아니라 교사가 평소 보여 준 행동과 태도다. 그러니 교사가 먼저 시를 좋아하고, 시 읽기를 즐겨야 한다. 더 나아가 학생들이 정말 편하게 쓸 수 있도록 분위기를 만들어야 한다. 말이 아니라 행동으로.

선생님이 그냥 이야기하듯이 쓰라고 하셨는데 확실히 그렇게 써 보니까 쉽기도 했고, 제 이야기를 보고 공감할 수 있는 사람들도 있다고 생각하니 훨씬 재미있었어요.
                                                        -김노은(2학년)

'오해'라는 주제로 어떤 내용으로 시를 써야 하나 고민이 되었어요. 하지만 선생님이 일기 쓰듯, 시도 마찬가지로 꾸밈없이 있는 그대로를 쓰라고 하셔서 편안한 마음으로 시를 썼어요. 중간중간 시를 쓰는 게 힘들 때는 친구들 시를 보며 이런저런 얘기를 했는데, 그것도 재미있었습니다.
                                                        -김효원(2학년)

다른 친구들이 쓴 글을 읽은 게 도움이 됐어요. 선생님도 그냥 솔직하게 편하게 쓰라고 하시고, 다른 친구들도 모두 그냥 그렇게 썼더라고요. 그걸 보면서 저도 조금은 내려놓고 썼습니다. 그렇게 초안을 쓰고 나서는 한 구절 썼다가 한 구절 지웠다가 끊임없이 생각했어요. 그 과정이 힘들기도 했지만, 또 한편으로는 재미있었어요. 친구들 시도 읽으니까 엄청 재밌더라고요. 이 시들이 시집으로도 제작돼서 훨씬 더 보람을 느꼈습니다.

-김수하(2학년)

시를 쓰는 시간

보민이는 참 얌전한 아이다. 기분 좋은 일이 있어도 얼굴에 살짝 미소를 지을 뿐 쉽사리 들뜨지 않는다. 한번은 아파서 학교를 나오지 못한 적이 있었다. 다음 날 복도에서 만났을 때 "이제 다 나았어?"라고 물었더니 "어떻게 아셨어요?" 하며 깜짝 놀라는 표정을 지어 보였다.

시를 쓰는 시간에 보민이도 다른 아이들처럼 고민이 많았던 모양이다. 뭘 쓸까? 그때 보민이 자리는 창가였다. 고개를 살짝 돌려 창밖을 골똘히 바라보았다. 우리 학교는 초등학교와 교문을 같이 쓰고 있어서 수업을 마치고 하교하는 초등학생들이 보였다. 밖에는 비가 살짝 뿌리고 있었다.

익숙한 파란 우산 김보민

5교시 국어 시간
비가 내렸다
창밖을 보니
알록달록한 우산들
그 가운데 눈에 잘 보이는 파란 우산
초등학생을 기다리는 부모님
나도 그럴 때가 있었지

초등학교 2학년
비가 내렸다
창밖을 보니
알록달록한 우산들
그 가운데 익숙한 파란 우산
나를 기다리는 엄마

"엄마, 내일도 나 데리러 올 거지?"
"당연하지!"

이제는 익숙하지 않은
파란 우산

소설에도 액자식 구성이 있는데 이 시도 그렇다. 1연과 4연은 시를 쓰는 바로 그 시간이고, 2~3연은 초등학교 때 기억이다. 보민이가 시에서 소재로 삼은 파란 우산은 아직도 보민이 집에 걸려 있다고 한다. 그 파란 우산은 보민이를 초등학교 시절의 기억으로 데려간다.

시를 쓰면서 가족들과 대화가 더 많아져서 참 좋았어요. 어릴 때 일을 또렷이 기억하기는 어려운데, 그런 점에서 가족들 도움을 많이 받았죠. 덕분에 가족들과 더 가까워진 것 같아요! 엄마는 뭘 이런 걸 다 썼냐며 웃으셨어요. 웃으시는 엄마 모습을 보니 저도 덩달아 기분이 좋았어요. 앞으로 자주 해 드려야겠다고 생각했어요.

시를 쓰는 이 시간이 보민이뿐만 아니라 가족들에게도 즐거움을 주었다니 참 기쁘고 고마운 일이다. 보민이는 '앞으로 자주 해 드려야겠다'라고 다짐했다. 부디 그 마음을 잃지 말고 가족을 꾸준히 관찰해서 새로운 글감을 찾아 시를 쓰면 좋겠다.

수현이도 가족을 소재로 시를 썼다. 수현이는 동생과 사이가 참 좋다. 요즘에는 함께 재미를 붙인 게임이 있어서 그걸 즐기며 부쩍 더 친해졌다고 한다. 그러니 자연스럽게 동생을 글감으로 시를 쓰고 싶었을 테다. 하지만 막상 시를 쓰는 일은 쉽지 않았다. 고민, 고민하다가 이런 시를 내놓았다.

동생은 아니다 임수현

국어 시간에 시를 쓰라고 한다
무엇을 쓸까 고민고민 하다가
동생에 대한 시를 쓰기로 했다

동생과 있었던 일을 생각해보려고 했지만
사소한 일밖에 생각나지 않았다
계속 고민하다 보니 머리가 아프기까지 했다

그래서 난 동생을 버렸다
시 때문에 동생을 버렸다

동생과 함께 이 시를 보면서 깔깔거리고 웃지 않았을까? 동생도 나중에 수현이에 대한 시를 쓰겠다고 말했다는데, 동생마저 수현이를 버리지는 않겠지?

예은이는 성격이 참 시원시원하다. 좋아하고 싫어하는 걸 똑 부러지게 얘기하지만, 그렇다고 고집이 센 건 아니다. 혹시 실수하는 일이 있으면 그것도 시원시원하게 인정하고 고치려고 노력한다. 멋진 아이다. 그러면서도 정이 많아서 2학년 종업식을 하는 날에는 친구들과 헤어지는 게 아쉽다며 펑펑 눈물을 쏟기도 했다.

그런 예은이에게도 시를 쓰는 일만은 자기 뜻대로 시원시원하게 되지 않았던 모양이다. 예은이도 시 쓰기로 시를 썼다.

시 주예은

썼다가 지우고
썼다가 지우고

책상엔 온통 지우개 가루가 산더미
시 쓰기란 쉬운 줄 알았는데
정말 어려운 일이다

썼다가 지우고
썼다가 지우고

별명이 멸치인 국어 선생님
멸치 가시 같은 독설로
자꾸만 콕콕 찌른다
얼른 완성하라고

—아, 선생님!
그건 눈감고도 할 수 있다고요!

썼다가 지우고 썼다가 지우고. 뭐가 그렇게 예은이를 괴롭혔을까?

시 쓰기에서 가장 어려웠던 때는 어떤 글감으로 써야 하나 고민하는 시간이었습니다. 쓰고 싶은 얘기는 많았거든요. 그런데 막상 어떻게 해야 할지 감이 안 와서…. 이걸로 썼다가 마음에 안 들어서 지우고, 저걸로 썼다가 또 마음에 안 들어서 다시 지우고, 그러면서 시간이 계속 흘렀어요.

교사는 "10분 전", "5분 전" 소리치며 교실을 돌아다니고 있으니 그때 예은이 마음이 어땠을까? 그런 반감(?)을 이렇게 멋진 시로 승화시켰다.

마지막 연은 반어를 활용한 표현인데, 그게 없었다면 조금 밋밋한 시가 될 뻔했다. 예은이 목소리를 바로 곁에서 듣는 듯 생생하다. 시의 맛이 확― 살아났다.

먹고 내보내는 즐거움

급식도 시의 글감으로는 단골이다.

나의 급식표 심지원

떡볶이가 나오면
나는 쫄깃한 떡 위에서
어묵과 춤춘다

치즈계란말이가 나오면
나는 치즈와 함께
노래 부른다

가지볶음이 나오면
가지의 칙칙한 색깔처럼
내 마음이 우울해진다
참 맛!있!는! 가지볶음

181

급식표에 따라
울고
웃는
내 마음

지원이는 무척 유쾌한 아이다. 긍정적이고 활동적이라 웬
만한 학교 행사에는 거의 빠지지 않고 참여한다. 시를 쓰는
수업에도 누구보다 즐거운 마음으로 참여했다.

어떻게 하면 좀 더 재미있는 시를 쓸 수 있을까 고민
했어요. 그래서 모두가 한번은 먹어 봤을 급식에 관해
썼어요. 읽는 사람들이 쉽게 공감할 수 있겠다는 생각
에요.

지원이 예상은 적중했다. 시를 읽는 친구마다 재미있다며
칭찬을 아끼지 않았단다. 부모님도 "급식이 생각나" 하며 좋
아하셨다고 한다. 지원이에게 시를 읽고 쓰는 일이 맛난 급
식을 먹는 것처럼 신나고 행복한 일이면 좋겠다.

보희도 음식을 글감으로 시를 완성했다. 보희는 2학년 학생
가운데 가장 흥이 넘치는 아이다. 보고만 있어도 힘이 난다.

이름에 '기쁠 희(喜)'를 써서 '보'고만 있어도 '기쁨'을 느낄 수 있는 사람이라는 뜻이 아닐까? 생각해 본 적이 있을 정도다. 기대를 저버리지 않고, 참으로 유쾌한 시를 썼다.

샐러드를 먹는 이유 김보희

아무거나 먹어도 잘 소화해 주던
내 소화기관
생각 없이 화장실에 가
걱정 없이 화장실에서 나오던 나

아무거나 먹어도 잘 소화해 주는
내 소화기관
생각 없이 화장실에 갔다가
걱정 가득 화장실에서 나왔네

이게 무슨 일이지?
내 소화기관이 나빠졌나?
그때 거실에서 들려오던 엄마의 목소리
—으이구!
요즘 아주 그냥 좋은 것만 먹을 때부터

알아봤다

샐러드를 먹는 이유
건강을 위해서?
아니!
다이어트를 위해서?
아니!

잘 내보내기 위해서!

아이들은 보희가 쓴 시를 보고 깔깔거리며 웃었다. '그것'을
글감으로 삼을 수 있다는 데 놀라기도 했다. 다른 학급 친구
들 사이에서도 제법 유명해졌다. 그런데 보희가 쓴 시는 단
순히 '그것'을 노래하는 데서 그치지 않는다. 문학과 인생에
대한 깊은 깨달음을 이야기하고 있다. 왜 그럴까?

몸 안으로 뭔가를 들이는 일 못지않게 다시 밖으로 내보
내는 일도 중요하다. 순환은 생명의 핵심이다. 허준의 '동의
보감'에도 "잘 통하면 아프지 않고, 통하지 못하면 아프다"
는 구절이 나온다.

몸도 그렇지만 마음도 그렇다. 마음에 응어리가 있을 때,
맺힌 게 있을 때, 그걸 밖으로 잘 내보내면 몸과 마음의 건

강을 지킬 수 있다. 앞서 여러 차례 말했듯이 마음속 송곳
도 그렇다. 송곳이 문제가 아니라, 그것을 어떻게 다루느냐?
태도가 중요하다. 우리가 시를 읽고 쓰는 까닭도 이것 때문
이다. 단순히 재미와 즐거움을 넘어, 시는 우리의 몸과 마음
을 지켜 준다. 사람을 살리는 힘이 있다.

보희는 이번 시 쓰기 경험을 통해 한층 성장했다.

조금 과장하자면, 2학년 국어 시간에 시를 쓰는 활동
이 어쩌면 제 인생에서는 큰 고비였어요. 하지만 주위
에 있는 친구들이나 선생님의 도움을 받아 좋게 마무
리했죠. 머리를 쥐어뜯을 때도 많았지만. 어떻게 보면
앞으로도 여러 위기가 있다고 생각해요. 지금처럼 하
면 미래의 위기도 이겨 낼 수 있지 않을까요? 그런 자
신감이 생겼어요.

너의 죄는 '귀여움'

'겉바속촉'이 대세다. 영하가 그런 아이다. 웬만해서는 활짝
웃지도 않고 먼저 살갑게 다가오는 성격도 아니라서 대하
기 조심스럽다. 하지만 그 속마음은 얼마나 따뜻하고 정이
넘치는지 모른다. 교생 선생님이 떠나는 날에는 하염없이
눈물 흘렸다.

또 영하는 늘 책을 끼고 산다. 영하의 독서 목록을 보면 정말 중학교 2학년 학생이 맞나 싶은 생각이 든다. 고구마 줄기를 캐듯이 좋아하는 작가의 작품을 줄줄이 읽는 걸 보면 감탄이 절로 난다.

국어 시간에도 가장 창의적이고 아름다운 결과물을 생산하기에 학급 친구들은 모두 영하와 같은 모둠이 되고 싶어한다. 국어 교사가 되면 딱 좋겠다고 생각하는데 영하는 그림을 더 좋아한다.

2학년 학생들 100명의 시를 하나도 빠짐없이 모두 모아서 시집으로 엮었는데, 그 제목이 '고양이 꼬리 끝만 봐도'였다.

고양이 꼬리 끝만 봐도 정영하

우리 고양이는
내가 한 발짝 다가가면
열 발짝 멀어지고

엄마가 오면 쫄래쫄래 달려 나가
야옹야옹 열 번은 말 거는데
내가 오면 눈길 한번 주고 만다

손가락으로 통통한 배 한번 찌르면

괜찮다 싶다가도 금세 열불 내며

이빨을 드러낸다

그래도 난 고양이 꼬리 끝만 봐도

설레서 달려 나간다

영하는 '생략'이 시의 고갱이라고 생각했다. 영하의 말을 조금 다듬어서 인용한다.

생략하면 오히려 더 많은 걸 드러낼 수 있다는 생각이 들어요. 문자로 변환하지 않은, 날것 그대로의 감정을 고스란히 전달하려면 생략에 의지할 수밖에 없지 않을까요? 그때의 추억을 더 생생하게 간직할 수 있는 것 같습니다.

말하지 않음으로써 말하기라고 할까? 영하 성격과 잘 어울린다고 생각했다. 이렇게 효과적으로 줄이고 압축하니 시의 운율이 저절로 살아났다.

시에서 운율을 강조하려고 노력했어요. 그게 시의 매

력이라고 여겼거든요. 시의 전체적인 분위기도 가벼
워서 문장이 리듬감 있게 통통 튀면 분위기랑 잘 어울
리겠다고 생각했습니다.

요즘에는 고양이의 애교가 많이 늘었고, 가족이 넘치게 사
랑한 덕분(?)에 의사 선생님으로부터 고도비만이라고 진단
받았다고 한다. 시에만 생략이 필요한 게 아니라 고양이를
향한 사랑에도 절제가 중요한 법이다.

똑똑한 바보 오서윤

쌍둥이 오빠는
똑똑했다

모든 선생님께 예쁨받던
훌륭한 오빠
모든 어른들께 칭찬받던
상냥한 오빠

초등학교 1학년 공개 수업
좋아하는 동물을 발표했다

"저는 토끼 좋아요."

"귀여운 강아지요."

"무서운 호랑이."

"공룡이 최고거든요!"

그때 오빠가 지목되었다

자리에서 일어나

목을 가다듬은 후

"저승사자요."

아는 게 너무 많았던

똑똑한 오빠

아는 게 너무 많아서

바보가 되었던 오빠

서윤이도 국어를 참 좋아한다. 국어 교사를 꿈꿔서 그런지
누구보다 열심히 수업에 참여한다. 서윤이는 시를 쓰는 전
체 과정을 처음부터 끝까지 잘 기억하고 있었다. 그걸 문답
형식으로 재구성해 보았다.

시의 주제는 '내 인생의 오해'였잖아요. 그에 맞는 글감은 어

떻게 찾았나요?

그게 가장 어려웠어요. 막막했죠. 친구들도 저와 비슷하게 느끼더라고요. 친구들끼리 서로 "나는 이런 일이 있었어"라며 얘기를 하는데, 그 얘기를 들으면서 저도 재미있었던 일이 몇 개 생각났어요. 처음에는 서너 개 정도 정해서 끄적끄적 썼는데, 그 가운데 눈에 띄는 것을 골라서 다듬었어요.

글감을 시의 형태로 바꾸는 과정은 어땠나요?

저는 시를 써 본 적이 많지 않아요. 그래서 처음에는 그때 겪었던 일과 더불어 지금 드는 생각, 지금의 기분…. 그런 걸 길게 썼어요. 그래서 그런지 시가 아니라 그냥 딱딱한 글처럼 보였어요. 어떻게 할까를 고민하다 떠오른 게 '큰따옴표'였어요. 대화가 들어가면 생생하게 보이기도 하고, 초등학교 1학년 아이들을 잘 표현할 수 있겠다는 생각이 들었어요. 그래서 조금은 시끄러운 시가 되었습니다.

시를 고치고 다듬을 때는 어떻게 했나요?

사실 저는 제가 쓴 글을 좋아하지 않는 편이라, 글을 쓰면서 스트레스를 많이 받았어요. 아침, 저녁으로 시를 한두 번씩 읽으며 계속 수정하다 보니 나중에는 더 보고 싶지도 않았어요. 그때도 친구들이 도움이 됐어요. 시에 반어와 역설을 활용해야 했는데 친구들이 그걸 어려워하더라고요. 친구들이 저한테 질문하면 제가 도와주곤 했는데 그러면서 엄청 보람을 느꼈어요. 그때 제가 쓴 글도 보여 주니 친구들이 정말 잘 썼다고 칭찬하더라고요. 평소 글쓰기에 관심이 없던 친구들한테까지 인정받으니 더 크게 다가왔습니다.

독자들의 반응은 어땠나요?

부모님은 시를 보자마자 박장대소를 하셨습니다. 부모님도 좋아하는 일화였기에 가족들에게 다 자랑하셨어요. 뿌듯했지만 조금은 부끄러웠습니다. 오빠는 비웃고 방으로 들어가 버렸습니다. 이 시를 언급할 때마다 가만히 웃고만 있어요.

오빠랑 사이가 좋은 비결이 뭐라고 생각해요?

사실 오빠가 좀 멍청하게 착해요. 누가 뭐라 해도 그냥 헤실헤실 웃고 있는 그런 사람. 그래서 사이가 좋은 게 아닐까요. 저는 성격이 좋은 편이 아닌데, 누군가 저 줘야 관계가 이어지잖아요. 그래서 오빠에게 고맙죠.

이 시를 쓴 서윤이, 당사자인 오빠, 곁에서 지켜보신 부모님, 이 시의 독자들. 서윤이가 쓴 시 덕분에 모두가 함께 웃고 행복하면 좋겠다.

모두가 웃을 수 있는 시 쓰기 수업

아침마다 수영을 두 시간씩 배운다고 했는데 수영장까지 가는 길이 좀 험하다. 산을 넘어 10km 가까이 달려야 수영장에 도착하기 때문이다. 그 가운데 3km 남짓 계속 이어지는 오르막이 있다. 거길 달려서 오르노라면 숨이 턱까지 차고 허벅지가 부들부들 떨린다. 그런데 왜 아침마다 달릴까? 재미를 붙이면 그렇게 된다.

시를 쓰는 일은 낯설고 무척 고되다. 학생들이 때려치우고 싶은 충동을 이기고 그 고비를 넘도록 하려면 거기서 '재미'와 '의미'를 발견하도록 교사가 잘 기획해야 한다. 앞서 제시한 몇 가지 방법을 정리하면 이렇다.

첫째, 교사가 시를 얼마나 사랑하는지 먼저 보여 준다. 갑자기 좀 뜬금없지만《사이코패스 뇌과학자》라는 책이 있다. 저자는 사이코패스 뇌의 특징을 연구하다가 자기 뇌가 사이코패스의 전형적인 특징을 보이고 있음을 우연히 발견한다. 그리고 의문을 품는다. '나는 왜 범죄자가 되지 않았나?' 어릴 때 적절한 교육을 받으면 범죄자가 되는 걸 막을 수 있다. 다시 말해서 공감 능력과 사회성은 후천적으로 교육할 수 있다.

인류의 2% 정도는 사이코패스 뇌를 갖고 있다. 사이코패스 형질이 그렇게 위험한 것이라면 진화 과정에서 왜 사라지지 않았을까? 유용한 측면도 있기 때문이다. 예를 들어 전쟁에서 장수가 적군의 고통에 지나치게 공감하면 어떻게 될까? 그러니 사이코패스는 영웅전에 실리거나 끔찍한 범죄자가 되거나, 둘 가운데 하나일 가능성이 크다. 사이코패스라는 형질 자체가 좋거나 나쁜 게 아니다. 대상이 아니라 태도의 문제다.

나는 원래 '그런 교사'였다. 그런데 후천적으로 노력해서 시를 좋아하게 되었다. 감수성과 공감 능력은 후천적으로 기를 수 있다. 사이코패스라고, 그런 교사라고, 좌절해서는 안 된다. 그걸 활용해서 나름의 방식으로 시를 사랑하면 된다. 내가 지닌 '공학적 성향'이 수업 설계에 큰 이점으로 작용했던 것처럼.

둘째, 멋진 결과물을 만드는 것보다 시를 쓰는 과정 자체가 즐거워야 한다고 강조한다. 그걸 말이 아니라 태도와 행동으로 보여 줘야 한다. 벼는 농부의 발소리를 듣고 자란다는 말이 있다. 시도 그렇게 여문다. 학생들이 쓰는 글을 자주 들여다보며 자꾸 말 붙이고 쓰다듬어야 한다. 애써 잘못을 찾아내서 꼬투리 잡아 비난할 필요는 없다. 해님과 바람 가운데 누가 나그네의 외투를 벗겼나? 그렇게 아이들 마음의 빗장을 벗겨야 한다.

셋째, 교사의 안내를 충실하게 따르기만 하면 시가 될 수 있도록 설계한다. 나는 처음에는 시처럼 쓰지 못하게 했다. 처음에는 편하게 일기처럼 쓰고, 그런 다음 표현(반어, 역설), 운율(생략과 압축, 반복, 줄 바꿈) 들을 고려해서 고치도록 했다.

넷째, 학생들 시를 시집으로 엮어 줬다. "여러분이 쓴 시는 정말 멋져요!"라고 알려 주고 싶었기 때문이다. 말이 아니라 행동으로 그걸 보여 줬다. 아이들이 정말 좋아했다. 방법은 중요하지 않다. 시화를 만들어 전시회를 할 수도 있고, 인터넷 공간을 활용해도 된다. 교사의 마음과 노력이 중요하다.

여섯째, 재미있는 시를 쓰지 마세요.

재미있는 시를 쓰려다 보면 말장난으로 흐르기 쉬워요. 그렇게 가벼운 시로는 삶을 건져 올릴 수가 없어요. 빈껍데기예요.

시를 쓰는 진짜 재미는 '괴로움'에 있어요. '사점(死點)'은 등산 용어예요. 숨이 가쁘고 근육에 경련이 일어나 더 이상 움직일 수 없을 것 같은 힘든 순간을 말하죠. 오죽하면 '죽을 사(死)'라는 글자를 쓰겠어요. 심하든 약하든 대부분 이런 순간을 겪죠. 그때 숨 한번 크게 쉬고 잠깐 쉬었다 출발하면 사점은 사라져요. 사점을 이겨 내면 정상에서 즐거움을 누릴 수 있죠.

시를 쓸 때도 포기하고 싶은 순간이 있어요. 그걸 이겨 내면 마침내 시를 완성하고 뿌듯함을 만끽하게 돼요. 이 책에 실린 작품들은 모두 그런 순간을 이겨 낸 결과물이에요. 여러분도 용기를 내 보세요.

시가 건네는 작은 위안

왜 시를 읽고 쓰나?

위안을 선물하는 시

시 쓰기 활동에서 재미와 즐거움을 느낀 아이들이 많다. 아울러 위안을 선물한 시들도 많았다.

결국 시는 함축적이어야 한다는 결론에 이르러, 개인 사정은 생략하되 쇠고기뭇국이 제게 어떤 의미인지 나타내려고 노력했습니다. 중학교 2학년은 제가 최고로 예민하고 나태했던 상태여서 엄마와 많이 부딪히기도 했는데, 이 시를 쓰는 과정에서 엄마를 관찰하니 엄마는 저와 싸운 후에도 항상 평소처럼 행동하셨다는 걸 깨닫게 되었습니다. 그걸 쇠고기뭇국으로 표현했습니다. 엄마, 아빠도 시를 보고 많이 웃으셨습니다.

-김유림(2학년)

시를 쓰려고 과거의 일을 회상하다 보니 잊고 지냈던 추억을 다시금 떠올리게 되어서 좋았습니다. 완성된 시를 보니 제 인생의 한 부분이 글로써 완전해진 것 같아 뿌듯했습니다.

-안루아(2학년)

시는 쓰는 데 들이는 시간에 비해 결과물이 너무 짧아서 허무하게 생각할 수 있습니다. 그렇지만 이렇게 소소하지만 소소하지 않은 시를 쓰면서 깨달은 게 많습니다. 시를 읽기만 하다가 직접 써 보니 시의 단아하고 소박한 맛을 제대로 느낄 수 있었고, 제가 이런 시를 쓸 수 있다는 점에서 뿌듯했습니다.   -이윤지(2학년)

평소에 '시인'이라고 하면 짧은 글로 독자들에게 감명을 주고 여운을 주는 사람이라고 생각해서 우리와는 거리가 먼 사람이라고 생각했어요. 사실 단순하게 생각하면 시인은 시를 쓰는 사람을 부르는 말이니까 시를 쓴 우리는 모두 시인이 됐다고 생각했어요. 각자 한 편의 시를 쓰고 친구들과 돌려 가며 읽어 보니까 다들 너무 잘 쓴 것 같아 뿌듯한 기분이 들었어요.

-이지우(2학년)

주제를 들었을 때 제 인생에서 가장 먼저 떠오른 오해가 돈나무였습니다. 부모님은 시의 글감으로 돈나무를 선택한 걸 놀라워하셨고, 특히 엄마는 본인이 하신 말씀이 저에게 인상 깊게 남았다는 사실에 기뻐하셨습니다.   -박하로(2학년)

마침내 시를 완성했을 때는 지금까지 힘들었던 일들

이 모두 사라질 만큼 너무 행복했습니다. 시를 쓰는 과정에서 평소에 지나친 것들까지 다시 생각해 보게 돼서 과거의 일상이 소중했다는 걸 깨달았습니다. 엄마도 무척 감동하셨다고 합니다.   -임도연(2학년)

등을 토닥이는 손길

위태로움 송다녕

해 진 어두컴컴한 저녁
가족과 함께 오순도순 식사를 마친 직후

엄마의 휴대폰에서 진동이 울렸다
발신자를 확인하신 엄마는
어두운 표정으로 방에 들어가셨다

어렸던 나는 아무것도 알 수 없었다
재밌는 거라도 하는 것 같아 궁금했다
조금 이따가 물어봐야지 하고 마냥 웃었다

오랜 시간이 지났고 엄마가 나오셨다

엄마는 자리에 주저앉았다
아무 말도 없이 하염없이 눈물만 흘리셨다

그저 우는 엄마를 안고
등을 토닥였다

엄마는 왜인지 위태로워 보였다
금세 무너질 것 같았다

어릴 때 있었던 일이라 어린아이의 시점으로 쓴 시다. 어린 다녕이는 엄마의 행동에서 위태로움을 느꼈지만, 무슨 일인지 정확히 알 수 없었다. 그저 할 수 있는 일은 우는 엄마를 안고 등을 토닥이는 일이었다. 그 작디작은 손이 얼마나 힘이 있었겠냐만, 엄마에게는 크나큰 위안이 되지 않았을까? 다녕이를 봐서라도 힘을 내야겠다고 다짐했을 수도 있다.

다녕이 어머니는 시를 보고 다녕이에게 이렇게 말씀하셨다고 한다.

아이들에게 우는 모습을 들키는 것은 강한 엄마의 모습이 아니야. 사실 엄마는 네가 생각하는 것보다 눈물도 많고 약하고 감정적이야.

이 얘기를 들으며 '위안은 어디에서 오는가?' 생각해 보았다. 어쩌면 '내려놓음'에서 오는 게 아닐까? 엄마는 강해야한다는 생각, 엄마는 눈물을 보이면 안 된다는 생각, 그런생각을 내려놓은 빈자리가 바로 위안이 깃드는 자리다. 어리기만 했던 다녕이가 이제는 많이 자랐다. 어쩌면 다녕이는 이런 말을 하고 싶어서 이 시를 썼는지도 모르겠다.

엄마! 괜찮아요. 제 앞에서 울어도 되고, 제 앞에서 약한 모습 보이셔도 돼요. 그때는 너무 어려서 엄마에게힘이 되어 드리지 못했지만, 이제 제가 엄마를 위로해드릴게요.

다녕이 시를 보면서 엄마와 딸은 점점 친구 사이가 된다는말이 어떤 의미인지 어렴풋이 알게 되었다.

세상에서 가장 맛있는 밥 양서정

"잘한다, 잘해! 그럴 거면 나가!"
엄마의 호통에 터덜터덜 나선 집

갈 곳이 마땅치 않아 간 외할머니 댁에는
항상 내 편인 우리 할머니가 계셨다

갑작스레 어린 손녀 혼자 찾아왔으니
놀라실 법도 한데
속상함이 묻어나는 내 얼굴을 스윽 보시더니
괜히 이것저것 묻지 않으시고
"밥은 먹었냐?"
한마디 하셨다

아직 안 먹었다는 나의 대답에
할머니는 갓 지은 밥을 내어주셨다
그 따뜻한 밥은
꽁꽁 얼었던 내 손끝과 마음을
녹여주었다

따뜻한 보리밥에 계란프라이 하나
누군가는 볼품없는 밥상이라 말하겠지만
나에게는 세상에서 가장 맛있는 밥이었다

서정이도 어릴 때 있었던 얘기를 썼다. 어린아이에게 집에서 나가라고 호통칠 수 있었던 이유가 뭘까? 믿는 구석이 있었기 때문이다. 외할머니 댁이 바로 위층인데, 거기는 서정이 등을 언제나 따뜻하게 토닥여 주실 할머니가 계신다. 어쩌면 어머니가 할머니에게 미리 전화를 드려 서정이가 가고 있다고 귀띔하셨을지도 모를 일이다.

위안은 '내려놓음'에서 비롯된다고 했는데 서정이 시에서도 그걸 확인하게 된다. 할머니는 이것저것 캐묻지 않으신다. 그때 할머니가 서정이를 위한다는 마음으로 왜 그랬냐 묻고 충고했으면 어땠을까? 그러고 싶은 마음이야 굴뚝같으셨겠지만, 할머니는 현명하게도 그런 마음을 내려놓으셨다. 그저 따뜻한 밥 한 그릇 챙겨 주신다. 그 빈자리에서 서정이는 위안을 얻는다.

그런 마음은 서정이에게 잘 전해졌다. 초등학생 때는 할머니가 서정이를 위로하셨다면, 이제는 서정이가 할머니에게 고마움을 표현하고 있다.

저는 할머니께 감사한 마음을 담아 시를 썼는데요. 바쁘게 살다 보면 감사했던 기억을 잊기 쉬운데 시를 쓰면서 그때 기억을 세세하게 떠올릴 수 있어 좋았습니다.

또 이렇게 덧붙였다.

그때 제가 느낌 감정을 최대한 솔직하게 표현하려고 노력했습니다. 그래야 독자들도 공감할 수 있다고 생각했어요. 초등학생 때는 시에 대해 잘 몰라서 진심을 담은 시를 쓰기 어려웠는데 이번 기회를 통해 진심을 담은 시를 완성한 것 같아서 좋았습니다.

진심도 전염된다. 할머니의 진심은 서정이에게 전해지고, 서정이의 진심은 시를 통해 독자에게 고스란히 전해진다. 시를 쓰는 사람도 시를 읽는 사람도 시로써 위안을 얻는다.

시간 정윤서

어느 여름날 밤
엄마와 세 명의 자매들이
잠에 들어 있었다

나는 몸을 살짝 일으켜
찬찬히 한 사람씩 둘러보았다
엄마가 눈에 밟혔다

갑자기 그런 생각이 들었다

엄마를 포함해 모든 것은
영원하지 않다고
나중에 그리워해 봤자
바뀔 건 없다고

그날 밤은
잊을 수 없는 눈물을
흘린 날이었다

참으로 고요한 시다. 제목이 '시간'인데 잊지 못할 어떤 '시간'을 노래하고 있다. 여름날 밤, 온 가족이 잠들어 있고 어쩌다 윤서만 깨어 있는 시간이다. 윤서는 한 사람씩 잠든 가족의 얼굴을 찬찬히 본다. 그러다 엄마 얼굴에 눈이 머물렀다. 무얼 생각했을까? 얼마의 시간이 흐르고, 윤서는 하염없이 눈물이 북받쳐 오른다.

  사랑하는 마음도 표현하지 않으면 모른다고 말하곤 한다. 그러나 때로는 말하지 않아도 마음에서 마음으로 전해지는 뭔가가 있다. 윤서는 그걸 노래하고 있다. 그걸 경험하고 나면 가족을 보는 마음이 이전과 같을 수가 없다.

또 하나의 가족

앞에서 강아지나 고양이를 주인공으로 하는 시를 여럿 소개했는데, 이제는 반려동물이 완전한 가족이 된 것 같다. 강아지를 통해 위안을 얻은 경험 두 편을 소개한다.

엄마보다 낫네 손예원

아! 망했다
시험지를 받았을 때
나도 모르게 나오던 헛웃음

엄마에게 말했을 때
돌아오는 건 위로가
아닌 잔소리

내 기분을 알아차린 걸까?
강아지가 다가와
내게
안겼다

시험을 망치고 속상해하는 예원이에게 강아지는 말없이 다가와 폭 안긴다. 예원이를 위로해 준다.

그런데 엄마는 왜 그러지 못했을까? 강아지보다 못해서가 아니라 강아지보다 더 많이 예원이를 아끼고 염려하기 때문이다. 시험을 망친 예원이만큼이나, 아니면 오히려 예원이보다 더 많이 속상했기 때문이다. 딸에 대한 기대, 딸에 대한 사랑, 그런 마음을 내려놓을 수가 없기 때문이다.

예원이도 겉으로는 짐짓 "엄마보다 낫네"라고 말했지만, 사실은 알고 있다. 두 사랑은 서로 비교할 수 없다는 것을. 사랑의 방향이 다를 뿐이지 크기는 다르지 않다는 것을. 그걸 알기에 이런 시를 쓸 수 있었다.

눈으로 말해요 정주이

―누나 괜찮아?
"응, 누나 괜찮아."

―누나 화났어?
"응! 누나 화났어."

우리 집 강아지는 눈으로 말하고
난 입으로 말을 하지

우리 집 강아지가 슬픈 눈을 하면
나도 슬픈 말을 하고

우리 집 강아지가 기쁜 눈을 하면
나도 기쁜 말을 하지

주이네 강아지 이름은 '정봉'이다. 텔레비전 드라마에 밥 잘 먹고 씩씩한 인물이 있었는데 이름이 정봉이였다. 그 친구처럼 밥 잘 먹고 건강하기를 바라는 마음에서 그렇게 붙였다고 한다.

5연짜리 시인데, 가운데 3연을 기준으로 1~2연과 4~5연이 살짝 대비된다. 1~2연에서는 정봉이가 주이 마음을 알아차리고 위로해 준다면 4~5연에서는 주이가 정봉이 눈에서 슬픔과 기쁨을 읽어 낸다. 말은 통하지 않지만 서로 마음을 나누고 위안을 주고받는 사이가 되었다. 주이가 시를 쓴 소감이다.

제가 좋아하는 글감으로 시를 쓰니까 전 진짜 재밌었어요. 시를 쓰면서 제가 했던 행동을 되돌아볼 수 있어 뜻깊기도 했어요. 그런데 친구들은 좀 슬프다고 하더라고요. 강아지가 입으로는 말할 수 없으니까 대신 눈

으로 말한다는 게 슬펐다고 해요. 그런 시선으로 볼 줄
몰랐는데 신기했어요.

나를 위로하는 시공간

사람들은 저마다 편하게 느끼는 시간과 공간이 있다. 국어
를 가르치는 사람으로서 학생들이 시를 읽고 쓰는 활동에
서 편안함을 느끼면 좋겠다. 시를 통해 위안을 주고 위로를
받을 수 있다면 좋겠다.

나의 캔버스 김도희

같이 그림을 그리자는 친구들의 말
내 못난 그림을 잊고
계속되는 설득에 넘어가 버렸다

친구들은 멋진 그림을 채워간다
하지만 내 그림에는 버려진 나룻배뿐
모두들 알록달록 색을 채워가도
나의 캔버스에는 어두운 색들뿐

친구들의 그림 앞에 모이는 사람들

나의 낡은 나룻배 앞에는 오지 않는 사람들
사람들의 관심을 원하지 않은 채
허전한 공간에 홀로 남겨진다

천천히 다가오는 발자국 소리
바라봐주는 다정한 얼굴
예쁘다고 말해주는 따뜻한 목소리

어두웠던 캔버스에
알록달록
색들이 채워진다

도희는 가수를 꿈꾸는 아이다. 그림에는 소질이 없다고 스스로 생각하고 있었는데 어느 날 친구들을 따라 그림을 그리게 되었다. 그럼 그렇지! 멋지게 그리는 친구들과 비교해서 도희 캔버스에는 버려진 낡은 나룻배만 덩그러니 놓였을 뿐이다.

아무도 관심 가져 주지 않을 것 같던 그때, 누군가 도희 그림 앞으로 다가와 다정하게 바라보고 예쁘다며 따뜻하게 말을 건넨다. 어두웠던 도희 마음도 환하게 채워진다. 그 일은 도희에게 용기를 북돋운다. 누군가의 따뜻한 격려 한마디가 도희에게는 큰 힘이 된 것이다.

시를 쓰면서 당시 상황을 자세히 생각해 보게 됐어요.
나는 왜 밝고 화려한 게 아니라 낡고 버려진 나룻배를
그렸는지…. 그 그림을 보고 왜 예쁘다며 칭찬하셨는
지…. 저는 지금도 여전히 그림을 잘 그리지는 못해요.
하지만 그 후로는 '잘 그리지 못하더라도 내 그림도 나
름대로 매력이 있다'라고 생각하게 됐어요. 다 똑같으
면 재미가 없잖아요.

도희가 그때 경험을 시로 씀으로써 그날의 기억을 가슴에
선명하게 새기면 좋겠다. 그래서 앞으로 혼자라서 외롭다
고 느낄 때, 일이 뜻대로 풀리지 않아서 힘들 때, 그날의 환
한 기억을 다시 꺼내 보면 좋겠다. 그 기억이 도희의 등을
토닥토닥 두들겨 주리라 믿는다.

얄미운 도서관 박해민

나는 도서관이 좋다
책에서 나는 냄새
막혀있는 공간

조용하고 편안한 분위기가
좋다

나는 책이 좋다
책을 읽고 있으면
그 이야기 속에 푹 빠지게 된다
재밌는 상상을 할 수 있어서 좋다

어느 날이었다
점심시간에 시간 가는 줄 모르고
책을 읽었다
정신 차려보니 어느새
수업 종이 칠 시간이었다

얄미운 도서관 때문에
수업에 늦을 뻔했다

해민이는 도서관을 좋아한다. 초등학생 때 책을 읽으면 선
물을 사 준다는 부모님 말씀에 책을 많이 읽게 되었고, 그러
면서 점점 더 책을 좋아하게 됐다고 한다. 요즘도 도서관에
서 조용하고 편안하게 책을 읽는 시간을 가장 좋아한다.

해민이는 시의 글감을 고민하다가 가장 익숙한 도서관을 골랐다. 그리고 그걸 '얄미운 도서관'이라고 표현했다.

반어나 역설을 시에 넣어야 했는데 생각이 잘 나지 않아 어려웠습니다. 선생님, 친구들과 같이 얘기하다가 '얄미운 도서관'을 떠올렸습니다. 엄마는 시에 제 마음이 잘 담겨 있어서 좋다고 하셨습니다. 또 엄마는 오히려 종소리가 얄밉다는 생각이 든다고도 하셨습니다.

이남호가 쓴 《일요일의 마음》에 이런 구절이 있다.

고요는 사람을 이끄는 힘이 있는 것 같다. 아니 고요는 사람을 다른 세계로 데려가는 비밀 통로 같은 것인지도 모른다. 예나 지금이나 공부하는 사람은 고요한 공간을 구한다. 주위가 고요해야 정신을 공부에 집중할 수 있기 때문이다.

사람들은 고요한 시간과 공간에서 자기 내면과 마주하게 된다. 해민이에게는 도서관이 그런 공간인 셈이다.
왜 아이들에게 시를 쓰게 했나? 시를 쓰는 시간에 아이들이 저마다의 '고요'와 만날 수 있다고 생각했기 때문이다.

자기 내면으로 들어가 그 안에서 위안받고 새로운 힘을 얻으면 좋겠다고 바랐기 때문이다. 해민이가 도서관에서 그러했듯이.

교사, 욕심 버리기

학생들에게 시를 쓰게 하는 건 만만치 않다. 시집으로 엮는 건 더 힘들다. 그런데도 왜 나는 이걸 하나? 재미있어서 한다. 내가 좋아서 한다. 이걸 하면서 위로받는 기분이 들기 때문에 한다.

나도 처음부터 이랬던 건 아니다. 30년 전에 나는 교과서에 시가 나오면 덜컥 겁이 나던 교사였다. 그러다 아이들과 시를 읽고 쓰는 시간이 한 해 두 해 쌓여서 조금씩 조금씩 시가 더 좋아지는 중이다. 그러기를 30년이다.

주전자의 물은 처음부터 끓지 않는다. 서서히 온도가 올라가다 열이 쌓이면 어느 순간 펄펄 끓는다. 그러면 액체가 기체로 바뀌어 하늘로 올라가는 놀라운 변화가 일어난다. 열이 쌓이는 시간을 견뎌야 한다.

그러니 처음부터 과욕으로 스스로 힘들게 옭아맬 필요가 없다. 할 수 있는 만큼, 즐거운 만큼만 하면 된다. 그게 쌓이면 변화가 일어난다. 괴로움을 감수하면서 억지로 견디는 일이라면 절대로 30년 동안 할 수 없다.

서로 변화하기

교육은 성장을 목적으로 한다. 성장은 변화다. 글을 쓰게 하는 목적도 다르지 않다. 이오덕 선생님이 《이오덕의 글쓰기》에서 "아이들에게 글을 쓰게 하는 목적은 아이들의 삶을 참되게 가꾸어 사람다운 사람이 되게 하는 데 있다"라고 하신 말씀도 그런 뜻이라고 알고 있다.

여기서 중요한 건 '서로'다. 교육은 교사가 학생을 변화시키는 게 아니다. 서로 변해야 한다. 일방적으로 학생을 변화시키려고 하면 화가 날 때가 많다.

아이들이 왜 이것도 모르지?
아이들이 왜 이것도 못 하지?

서로 변하겠다고 마음을 바꿀 때 질문은 이렇게 달라진다.

아이들이 이걸 모르네. 어떻게 알려 주면 잘 이해할까?
아이들이 이걸 못 하네. 내가 어떻게 도와주면 좋을까?

그렇게 되면 모르는 아이도, 못 하는 아이도 밉지 않다. 교사로서 내가 뭘 더 노력해야 하는지, 교사인 내가 먼저 어떻게 변해야 하는지 골똘히 생각하게 된다. 모르고 못 하는 건 학생의 본분이요, 그런 학생을 도와주는 게 교사가 할 일이라는 생각도 든다.

2006년, 전국국어교사모임에서 만든 우리말교육대학원에 다닐 때다. 돌아가신 김수업 선생님이 이런 말씀을 하셨다.

우리 가운데 아무리 똑똑한 사람도 우리 모두를 더한 것보다 더 똑똑할 수는 없습니다.

생각해 보니 수업도 그렇다. 교사가 아무리 잘나도 교사와 학생을 더한 것보다 더 똑똑할 수는 없다. 그러니 수업이란 학생의 슬기와 교사의 슬기를 모아서 더 큰 슬기를 만드는 과정이라야 한다. 교사의 머리에 든 걸 학생에게 주입하려고 해서는 안 된다. 그렇게 해서는 결코 교사를 넘어설 수 없다. 흔히 '교육의 질은 교사의 질을 뛰어넘을 수 없다'라고 하는데 그래서는 안 된다. 교사의 수준을 뛰어넘는 교육을 해야 한다. 그러려면 교사와 학생이 손을 잡고 서로 변하고 성장해야 한다.

'교학상장(敎學相長, 가르치고 배우며 서로 함께 성장함)'은 《예기》에 나오는 말이다. 그게 사실은 '교학상변(敎學相變, 가르치고 배우며 서로 함께 변화함)'이었다. 시를 읽고 쓰는 일도 그랬다. 30년 동안 가장 많이 변화한 사람은 나

자신이었다.

앞에서 뜬금없이 《사이코패스 뇌과학자》라는 책을 소개했다. 이유가 있다. 내가 바로 그런 성향을 지녔기 때문이다. 나는 '사이코패스 국어 교사'다. 타인의 감정에 공감하지 못하고, 내가 정한 목표가 있으면 수단과 방법을 가리지 않고 그걸 달성해야만 하는 사람이다. 물론 그 덕분에 성과도 적지 않았다. 하지만 학생들에게 가혹할 때가 많았고, 주변 사람들에게 씻지 못할 상처도 많이 줬다.

2018년에 아름다움을, 2019년에 실존주의를, 2020년에 겹과 결을 얘기하면서 나를 들여다보았다. 너무 괴롭고 힘든 시간이었다. 달리기를 시작한 것도 그 무렵이었다. 깔딱깔딱 숨이 넘어갈 것 같은 고통 속으로 나를 몰아넣었다.

사이코패스 성향이 없었다면 좋았겠지만 안타깝게도 그건 내가 선택할 수 있는 영역이 아니었다. 그런 성향을 조금 더 일찍 발견했더라면 죄를 조금이라도 덜 지었을 텐데 2018년 무렵이 되어서야 겨우 그걸 알아차린 건 내 잘못이다.

감수성과 공감 능력은 후천적으로 학습할 수 있다. 아이들과 문학을 얘기하고 시를 공부하면서 나는 그걸 조금씩 배웠다. 조금은 더 부드러워졌다. 아이들이 나를 속상하게 해도 '오죽하면 저럴까?'를 먼저 생각할 정도가 되었다. 문학이 없었다면, 아이들과 함께 시를 읽고 쓰지 않았다면 지금 어떤 삶을 살고 있을까?

30년 동안 나는 나를 가르치며 살아왔다.

시를 쓰려는 학생들에게

일곱째, 마음으로 시를 쓰세요.

우리는 시를 읽으면서 위안받기도 하고, 또 시를 써서 누군가를 위로하기도 해요. 위안과 위로의 핵심은 공감이에요. 배우들도 어떤 역을 맡으면 몇 달 동안은 평소에도 그 사람처럼 말하고 행동한다고 하죠. 그렇게 해야 그게 몸에 배서 자연스러운 연기가 나오기 때문이에요.

시를 쓸 때도 마찬가지예요. 그 사람이 되어 보세요. 그 사람의 겹과 결을 느껴 보세요. 그러면 마음에서 뭔가 우러나오는 게 있을 거예요. 그 마음을 시에 담으세요.

시만 그런 게 아니에요. 사회생활에서도 공감하는 능력은 정말 중요해요. 여러분이 시를 잘 쓰는 사람을 넘어, 더 멋지고 아름다운 사람이 되기를 바라요. 그게 바로 여러분이 시를 쓰고, 문학을 읽고, 국어를 공부하는 목적이에요.

서울사대부설여중 2학년 100명을 대표하여

김민재, 심지원, 양서정

시를 쓴다는 얘기를 들었을 때 처음 든 생각은 '망했다!'였습니다. 시는 읽기도 어려운데, 그걸 써야 한다니 걱정이 태산이었습니다. 우리에게 시 쓰기란 오르지 못할 나무였습니다.

그렇기에 우리는 '시'를 더 열심히 공부했습니다. 특히 교과서에 반어와 역설이 나왔는데, 그걸 활용해서 시를 쓰는 게 해야 할 과제였습니다. 그렇지 않아도 어려웠던 시 쓰기는 '반어와 역설'이라는 과제로 인하여 더 어려워졌고, 우리는 머리를 부여잡으며 힘겹게 시를 썼습니다. 어려운 과제였지만 그런 표현을 이용해서 시를 써 보니 다른 시에 쓰인 표현들도 더 잘 분석할 수 있게 되었습니다. '시'의 'ㅅ' 자도 모르던 우리에게는 엄청난 발전이었죠.

우리가 써야 할 시의 주제는 '오해'였습니다. 우리는 모두 살아가며 많은 오해를 합니다. 친구들과의 오해, 가족들과의 오해, 심지어 나 자신을 오해하기도 하죠. 이렇게 내가 오해할 때도 있지만, 또 남이 나를 오해하기도 합니다.

이런 오해는 우리에게 해를 끼치기도 합니다. 갈등이 생겨 많은 상처를 남기곤 하죠. 그래서 우리는 언제나 오해를 만들지 않도록 말과 행동을 조심스럽게, 내가 말하려는 바를 정확하게 전달하려고 합니다.

하지만 이런 오해가 꼭 나쁜 걸까요? 저도 예전에는 오해가 나쁘다고만 생각했습니다. 그러나 이번에 '오해'를 주제로 시를 쓰며 곰곰이 생각해 보니, 오해가 무조건 나쁜 것은 아니라는 생각이 들었습니다. '싸움 끝에 정이 붙는다'라는 속담처럼 오해를 풀며 더 친해지고 더 이해할 수 있기 때문입니다.

저도 시를 쓰며 제가 무엇을 오해하고 있었는지 생각해 볼 수 있었고, 그러면서 저 자신에 대해 더 깊이 이해할 수 있었습니다.

국어 시간마다 쓰고 고치고를 반복하니 어느덧 그럴듯한 시가 완성되는 걸 보면서 정말 신기했습니다. 선생님과 친구들의 조언을 듣고 시를 고치니, 점점 완성도가 높아져서 뿌듯했습니다.

시를 쓰면서 시에 더 많은 관심이 생겼고, 시를 더 잘 쓰고 싶다는 욕심에 도서관에 가서 다양한 시인의 시를 찾아보기도 했습니다. 학교에서 손택수 시인을 초청해서 특강을 할 때도 참여해서 좋은 얘기를 많이 들었습니다.

시 쓰기에 열심히 참여해 준 친구들, 우리가 시를 잘 쓸 수 있도록 이끌어 주신 선생님, 이 책을 읽고 있는 모든 분께 고맙다는 인사를 드립니다.

안녕, 하고 시를 만났다

국어 시간에 시 쓰기

1판 1쇄   2024년 11월 11일

글쓴이	최인영
펴낸이	조재은
편집	이혜숙
디자인	서옥
관리	조미래

펴낸곳	(주)양철북출판사
등록	2001년 11월 21일 제25100-2002-380호
주소	서울시 영등포구 양산로91 리드원센터 1303호
전화	02-335-6407
팩스	0505-335-6408
전자우편	tindrum@tindrum.co.kr
ISBN	978-89-6372-441-6 (03370)
값	17,000원

❖❖ 잘못된 책은 바꾸어 드립니다.